AHMED YOUSSEF

KAWA ARABICA

suivi de

ANTOINE GALLAND

DE L'ORIGINE ET DU PROGRÈS DU CAFÉ

(1699)

ORIENTS
EDITIONS

BNF FRBNF 30476382

ISBN 9791093315386

www.orientseditions.fr

Vous, qui tenez sur les seuils, entrez
Et prenez avec nous le café arabe
Vous pourriez vous sentir des humains comme nous...

Mahmoud Darwich,
Anthologie poétique, Actes Sud, 2009

Travailler avec les Miquel, c'était refaire tout le chemin Occident-Orient. André vous emmenait dans toutes les sciences, poésies et contes arabes et sa femme Janine Miquel-Ravenel avait fait sa thèse sur Antoine Galland [1]. À la sortie d'une séance de travail, elle me dit : « Petite chérie vous devriez regarder le magnifique traité du café d'Antoine Galland... » Comme elle avait raison, je le fais quelques années plus tard en signe d'affection, Ahmed Youssef retraçant la fabuleuse histoire de cette boisson venue d'Orient.

Ysabel Saïah Baudis
Orients Éditions

1 - Janine Miquel-Ravenel, *Antoine Galland : inventeur des Mille et Une nuits*, Paris, éd. Geuthner, 2009.

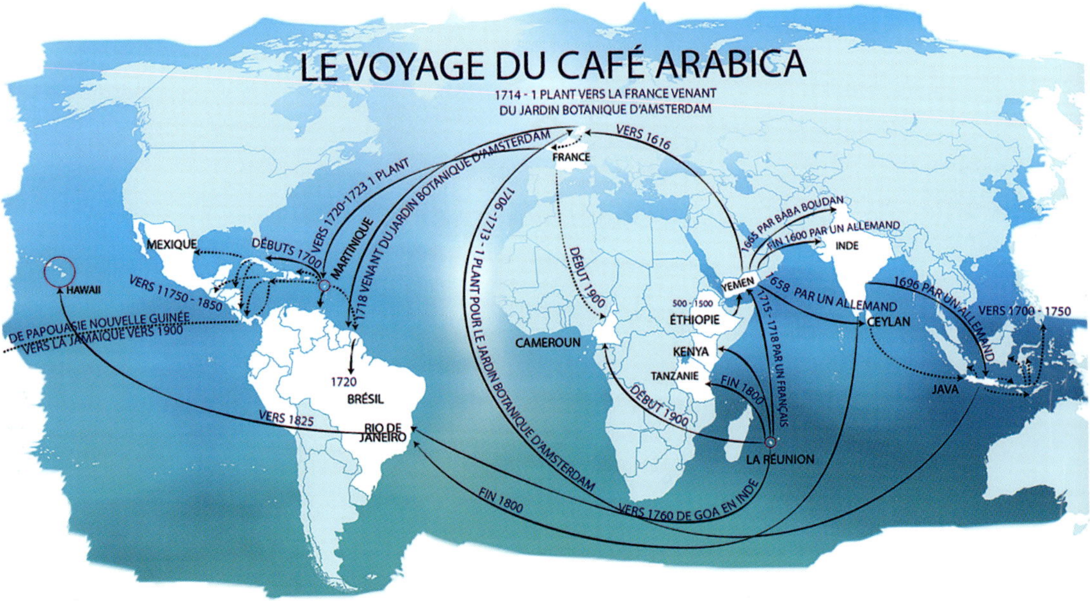
LE VOYAGE DU CAFÉ ARABICA
1714 - 1 PLANT VERS LA FRANCE VENANT
DU JARDIN BOTANIQUE D'AMSTERDAM
VERS 1616
FRANCE
VERS 1720-1723 1 PLANT
1718 VENANT DU JARDIN BOTANIQUE D'AMSTERDAM
1706 - 1713 - 1 PLANT POUR LE JARDIN BOTANIQUE D'AMSTERDAM
MARTINIQUE
DÉBUTS 1700
MEXIQUE
HAWAII
VERS 11750 - 1850
DE PAPOUASIE NOUVELLE GUINÉE
VERS LA JAMAIQUE VERS 1900
1720
BRÉSIL
VERS 1825
RIO DE JANEIRO
DÉBUT 1900
CAMEROUN
1665 PAR BABA BOUDAN
FIN 1600 PAR UN ALLEMAND
INDE
YEMEN
500 - 1500
ÉTHIOPIE
1658 PAR UN ALLEMAND
1715 - 1718 PAR UN FRANÇAIS
CEYLAN
1696 PAR UN ALLEMAND
VERS 1700 - 1750
KENYA
TANZANIE
FIN 1800
DÉBUT 1900
JAVA
LA RÉUNION
FIN 1800
VERS 1760 DE GOA EN INDE

Écrire l'histoire des civilisations avec une plume trempée dans une tasse de café ! Voici de quoi s'attendre à des surprises, et surtout, de quoi exciter l'esprit par ce breuvage, le « kawa », l'arabica qui vient des tréfonds de la civilisation de l'islam pour gagner ses lettres de noblesse dans les salons des cours de l'Europe. Lecteur pavlovien, en lisant ces lignes, avez-vous senti quelques subtils arômes de fines herbes florales ou ambrés de café fraîchement torréfié ?

Les Français aiment ce liquide si amer et si doux (77 % en seraient des buveurs réguliers) et beaucoup parmi nous en font une philosophie de vie sans soupçonner une seconde que derrière la banale petite tasse, quatre siècles d'orientalisme nous contemplent.

Parler d'orientalisme au parfum de café ne peut que nous mener tout droit à l'illustre traducteur des *Mille et Une Nuits*, Antoine Galland.

Nommé ambassadeur de France auprès du sultan Mohamed IV à Constantinople (entre 1670 et 1675), il devient son ami. Il l'accompagne partout dans ses voyages dans l'Empire ottoman jusqu'à la Syrie et la Palestine. C'est ainsi que Galland eut l'occasion non seulement de parfaire le turc, l'arabe et le persan qu'il apprit au Collège Royal[1] mais aussi les us et coutumes de ces populations qui formaient la gigantesque mosaïque ottomane. Il revint à plusieurs reprises dans cet Orient, devenu pour lui une science, pour ne pas dire une raison d'être. Il ne faut pas s'étonner de voir que le fruit d'une telle passion n'était autre que la traduction des *Mille et Une Nuits*. Si le pape Sylvestre II, le fameux « pape de l'an mille », a introduit les chiffres

1 - Devenu Collège de France à la chute de Napoléon III.

arabes en Occident[2], Antoine Galland, lui, y a introduit les *Mille et Une Nuits* et cette mode orientale dite des « Turqueries ».

L'année 1701 est une année charnière dans sa vie : il entame sa traduction colossale et il est nommé à l'Académie des Inscriptions et Belles Lettres. C'est aussi l'année où il fait don de son trésor de manuscrits orientaux à l'Académie et à la Bibliothèque du roi. Ainsi Galland est entré dans la glorieuse galerie de l'orientalisme européen par la porte royale.

Tout cela serait bien établi et reconnu par la postérité si l'intrépide orientaliste ne nous avait pas caché une belle surprise : bien avant *Les Mille et Une Nuits*, il avait écrit, en 1699, un très surprenant traité intitulé *De l'Origine et du progrès du café*. 1699 est une date charnière à bien des titres. Louis XIV est un monarque tourné vers l'Orient, mais la guerre avec les Turcs est aux portes de Vienne. Il accepte d'accueillir avec beaucoup d'égards Soliman agha, l'émissaire de Mehmed IV, qui arrive avec leur fameuse boisson orientale en cadeau : le café. Cet ambassadeur se montre peu impressionné par le faste de la réception : trône d'argent et costume tressé de pierreries. Il offre au Roi-Soleil une tasse de café sucré dans de la porcelaine chinoise. Blessé, Louis XIV commandite des pièces de théâtre pour ridiculiser les Turcs, comme le fameux *Bourgeois gentilhomme*.

Le titre de son traité est à lui seul un plan de travail. Il donne la mesure de l'ambition de notre orientaliste de faire connaître l'origine de cette nouvelle boisson arabe qui envahit la France et les raisons de sa fulgurante propagation. L'ambition de Galland était, en réalité, de faire connaître son expérience de ce monde musulman qui était devenu impérieusement son métier.

2 - Ahmed Youssef, *Sylvestre II, le pape qui aimait Allah*, Paris, éd. Dervy, 2019.

On comprend d'emblée que le traité de Galland formule une réponse à la demande d'une haute personnalité curieuse de savoir l'origine et le progrès du café. « L'estime particulière que je fais de votre personne et la considération que j'ai pour la compagnie ne me permirent pas de différer d'un moment à satisfaire votre curiosité, et à répondre en même temps à la bonne opinion que vous aviez de moi.[3] »

Mais Antoine Galland, en bon élève de l'école classique des orientalistes du XVIIIe siècle, nous renvoie à sa première source en matière de science orientaliste, celle de Barthélémy d'Herbelot.

Il s'agit du père fondateur de l'orientalisme français, Barthélémy d'Herbelot de Molainville (1625-1695). Ce secrétaire et interprète de langues orientales de Louis XIV était surtout l'auteur de la célèbre *Bibliothèque orientale, ou Dictionnaire universel contenant généralement tout ce qui regarde la connaissance des peuples de l'Orient*. Cette monumentale encyclopédie de plus de mille pages est considérée comme la bible des orientalistes et des voyageurs jusqu'à l'avènement de la vapeur et la démocratisation du voyage au lendemain de l'inauguration du Canal de Suez en 1869. Éditée d'abord à Maastricht en 1776, d'Herbelot n'eut pas le temps de la compléter. C'est Antoine Galland lui-même qui se chargea de cette tâche immense en 1697.[4]

Dans la foulée des sources de son ouvrage, Galland nous révèle la présence d'un manuscrit arabe dans la Bibliothèque du roi : « lequel contenait l'apologie du

3 - Antoine Galland, *De l'Origine et du progrès du café*, p.43.

4 - Henry Laurens, *Aux sources de l'orientalisme : la Bibliothèque orientale de Barthélémi d'Herbelot*, Paris, éd. Maisonneuve et Larose, 1978.

Café contre certains docteurs mahométans qui avaient prétendu que l'usage devait en être défendu aux Musulmans, je crus que je devais le consulter pour voir si je n'y trouverais pas la première origine de cette boisson.[5]»

Après ce passage obligé aux sources, Galland offre aux lecteurs un voyage savant dans l'univers sémantique à la recherche, combien curieuse, des origines du mot polysémique « café ».

Si ce mot venant de l'arabe *qahwa* est dérivé du turc *kahve*, les Arabes, explique Galland, ont nettement distingué, dès le début de la découverte de l'arbre en Éthiopie, le *bunn* – poudre du café moulu – de la boisson appelée *qahwa*. Les détails donnés par Galland sont d'une exhaustivité étonnante, d'un ton très moderne et toujours nourris d'anecdotes qui donnent à réfléchir.

Encore plus surprenant, ce déferlement de livres sur le café partout en Europe au lendemain de son introduction et de sa propagation. Dès son apparition dans la rue ou les maisons, puis dans l'espace public, le café était devenu un phénomène de société, un prestige, et un signe de raffinement et de richesse tels que les tapis orientaux ornant les toiles de Vermeer.

Antoine Galland nous ouvre le chapitre haletant de la controverse sur le café en terre d'islam dès l'adoption par les soufis de la décoction de cette plante. Suivront d'âpres procès à la Mecque, au Caire et à Constantinople, une rude bataille qui dura deux siècles. Tour à tour argumentent et se disputent les docteurs de la Charia, les médecins, les politiques, sans oublier des sorciers et des charlatans !

5 - A. Galland, *op. cit.*, p. 43.

Le lecteur doit sans doute méditer quand il découvre que derrière sa tasse de café matinale, banale, des hommes sont morts ou emprisonnés pour avoir osé siroter ce même breuvage. Polémique interreligieuse, puisque le pape Clément VII s'en mêla aussi en déclarant : « Ce serait un péché de laisser aux incroyants une boisson aussi délicieuse. » Les Vénitiens, quant à eux, arguaient que la boisson noire pouvait « exacerber la lubricité des femmes et augmenter pour les hommes le vice oriental. »[6] Mais l'irrésistible chemin est lancé : les cafés, endroits "dangereux" pour l'avenir du pays[7], ouvrent dans toute l'Europe. Bach lui offre sa seule pièce comique – la *Cantate du Café*[8]– et les colonies européennes lui donneront leur nouvelle terre d'accueil qui aujourd'hui domine le marché mondial : La Réunion, le Brésil...

La baraka du café

Moi, dans ma lointaine enfance alexandrine, j'avais entendu la énième légende du prophète Muhamed et de l'ange Gabriel. L'envoyé de Dieu était exténué, l'ange lui aurait donné une boisson noire lui rendant la force de vaincre quarante adversaires et d'honorer quarante femmes. Tous les jours, je regardais ma grand-mère moudre manuellement les grains de café dans un petit moulin portable en

6 - Philippe Goyvaertz, *Les Routes du café*, Paris, éd. Aubanel, 2008, p. 88.
7 - *Ibid*.
8 - Cette cantate profane est aussi connue sous le titre *Schweigt stille, plaudert nicht (Faites silence ! Ne bavardez pas !)* (BWV 211). Bach l'a composée à Leipzig vers 1734.»

LIGNES de la MAIN
MARC de CAFÉ
TAROTS EGYPTIENS

bois. On achetait les grains de café torréfiés chez le Grec Soufianopoulos[8]. Avant de préparer le café, on moulait juste la quantité désirée ; le plaisir de humer l'odeur du *bunn* fraîchement moulu était immense. Je ne comprenais pas pourquoi ma grand-mère récitait quelques courtes sourates du Coran pendant qu'elle broyait les grains ! Et surtout, je ne comprenais pas pourquoi, quand on le renversait par inadvertance, elle disait que c'était bon signe, un porte-bonheur, car il y a la baraka dans le café. Dans un passage de son traité, Antoine Galland nous donne peut-être quelques éléments de réponse : « Le Café, dit-il, acquérant tous les jours de la réputation, on lui donna entrée en plusieurs autres villes de l'Arabie, et particulièrement à Médine. Il sortit enfin de l'Arabie, et il vint en Égypte jusqu'au Caire. Les premiers qui l'y introduisirent furent les Derviches Icmanites, c'est-à-dire de la province d'Iemen, qui est l'Arabie heureuse, lesquels y demeuraient dans un quartier particulier. Ils le prenaient même dans leur mosquée, la nuit du lundi et du vendredi qu'ils passent dans les exercices de dévotion, et particulièrement à réciter ces paroles : *Il n'y a pas d'autre Dieu que Dieu, roi manifeste de l'Univers*[9].

C'est donc une sorte de ferveur religieuse et la dévotion associées au café qui confèrent à ce breuvage son caractère religieux et cette croyance de Baraka.

8 - Ce grand et historique torréfacteur fondé par Thenistocles Sofianopoulos avait d'abord un dépôt au 4, rue Salah Eddine, puis dès 1924, un comptoir où on trouve des grains de café venant des quatre coins du monde, au 49, rue Attarine. La fortune de la famille Sofianopoulos incita un autre Grec d'Alexandrie, Sederisse, à ouvrir dès 1929 le très célèbre « Brazilian Coffee Stores ». Comme les Sofianopoulos étaient des francophones invétérés, les Sederisse étaient anglophones de langue et de culture. Ainsi la tasse de café a tourné, comme l'a décrit justement Jean Cocteau, à une guerre de roses. Les deux enseignes font aujourd'hui partie du patrimoine cosmopolite d'Alexandrie. On les retrouve par ailleurs dans *Le Quatuor d'Alexandrie* de Lawrence Durell et dans *Miramar* de Naguib Mahfouz.

9 - A. Galland, *op. cit.*, p. 64.

Elle s'assit, ses yeux pleins de crainte... en contemplant ma tasse retournée.
« La liseuse de marc de café », Poème de Nizar Qabbani chanté par Abdel Halim Hafez.

C. Geiger del.
Der K
Zuckerbäcker, Mandolle

eesieder
Fabr: u. Brandweinbrener.

Non loin de cette dévotion caféinomaniaque et de sa survivance jusqu'à nos jours est née la pratique de prédire l'avenir en interprétant les traces laissées par le marc de café dans le café turc. La cafédomancie reste dans toute la civilisation de l'islam non seulement un art de divination mais aussi tout un rituel ancestral. Il est pratiqué exclusivement par les femmes qui le transmettent de mère en fille dans toutes les classes sociales. Ce rituel de la tasse renversée est associé, sans doute, à la force spirituelle présumée du café sur les êtres pieux et les âmes capables de saisir l'invisible dans le visible. C'est un pouvoir métaphysique surprenant dans l'histoire de l'ascension du café sur le monde. À noter que les deux sortes de cafés arabes ont été classés au patrimoine immatériel de l'UNESCO[10].

Une nouvelle géopolitique créée par l'apparition du commerce du café va bouleverser le commerce mondial à la sortie du Moyen Âge et à l'aube de la Renaissance. C'est pourquoi le sultan mamelouk Kansowa Al-Ghoury (1446-1516) imposa au gouverneur de la Mecque de braver la fatwa des oulémas pour tolérer l'usage du café dans des endroits spécialement aménagés pour cela. C'est ainsi que les lieux où l'on en buvait s'appellent aujourd'hui, par métonymie, « cafés ». On ne peut pas en dire autant de « bières » ou « thés » ! Le premier café du monde fut ainsi ouvert à La Mecque en 1511, et s'ensuivit le chemin des civilisations des Arabes aux Turcs : à partir du XVIe siècle, « par un phénomène d'osmose dû à la proximité culturelle des deux sociétés, l'emprunt du breuvage se fit en même

10 - En raison de son importance culturelle, les Émirats Arabes Unis, l'Arabie Saoudite, Oman et le Qatar ont demandé l'inclusion du café arabe dans la Liste représentative du patrimoine culturel immatériel de l'humanité de l'UNESCO : il y a été inscrit en 2015. La culture et la tradition du café turc y ont quant à elles été inscrites deux ans auparavant, en 2013.

temps qu'apparaissaient les maisons de café en Turquie. »[11] Ce sont ensuite les Italiens qui propageront le café en Europe, en le marquant de leur esthétisme et de leur savoir-faire. En effet, grâce à sa relation commerciale privilégiée avec Constantinople, Venise sera la première ville d'Europe à accueillir le café.[12]

L'avènement des cafés littéraires, le mariage presque spirituel entre le précieux breuvage et la matière grise, va donner ses lettres de noblesse à l'intelligentsia. Sur la route du café, les belles lettres sont venues se sédentariser dans les sites devenus hauts lieux de l'Histoire entre l'Orient et l'Occident. Sans parler du mythique café Fishawy (XVe s) dans le vieux Caire, du prestigieux Procope (1686) à Paris et du célèbre Caffè Florian (1720) à Venise[13], le café est entré de plain-pied dans la matrice politique de notre histoire moderne, sans oublier sa dimension sociétale.

En 1798, Bonaparte débarque en Égypte avec une gigantesque armada afin de couper la route des Indes aux Anglais. Il entre en intense correspondance avec le Chérif de la Mecque pour l'inciter à bloquer le port de Mokka (Yémen) au commerce anglais et frapper ainsi le transit des épices, notamment et surtout, du café. Une fois maître du Caire, il fait main basse sur les dépôts de café. Il contrôle personnellement son commerce avec l'Europe. Néanmoins, il n'hésite pas à en offrir des quantités à son ennemi juré, l'amiral Sidney Smith, chef de la flotte britannique qui faisait le blocus des côtes égyptiennes, contre des journaux venant d'Europe et des facilités de mouvement des bateaux français. Étrange effet du café

11 - Philippe Goyvaertz, *op. cit.*, p. 87.
12 - Philippe Goyvaertz, *op. cit.*, Préface.
13 - Situé place Saint-Marc ! Un nom tout à fait adapté.

Par le café [...] l'Orient pénètre dans les cerveaux.
Paul Morand, *La route des Indes*, 1936.

sur des belligérants assiégés et assiégeants ! Dans la correspondance de Bonaparte en Égypte (que j'ai eu l'honneur de traduire vers l'arabe[14]), ce dernier utilisait le café comme une arme car, au mépris de ses brûlures de l'estomac, il savait que le café bu avec les Turcs pouvait faire avancer son dessein politique[15]. Il écrivait d'ailleurs : « J'avais toujours sept cafetières sur le feu afin de converser avec les Turcs qui me faisaient veiller toute la nuit avec leur discussion sur la religion. »[16] Il avait conçu le très ambitieux projet de créer une compagnie et des comptoirs dans le pourtour méditerranéen. Outil de pression politique, le précieux breuvage devient une denrée stratégique et s'impose dans notre vie quotidienne.

Aujourd'hui, à l'heure de la mondialisation, ce café de luxe et de grands salons de pachas orientaux, merveilleusement décrits par Antoine Galland, n'est plus l'apanage des richissimes, mais un compagnon accessible à tous, à condition d'être dans la mouvance du monde, de faire partie de ceux qui ont le bon goût. Regardons les noms des marques de café d'aujourd'hui : le mot « Or » y est associé délibérément. L'élégance de Monsieur Clooney, le chic des boutiques et chaînes mondialisées ont remplacé les rudimentaires comptoirs des vieux cafés en Méditerranée.

Tout l'intérêt de lire ce traité d'Antoine Galland réside bien dans le plaisir de savoir que le café, ce « vin » des musulmans (parallèle dont ses détracteurs ne se privèrent jamais de se servir comme prétexte pour l'interdire) contient une fabuleuse histoire. Il y a même un jour international du café, le 1er octobre. Cette

14 - éd. de l'Institut de l'Égypte, 2015.
15 - Olivier Poivre d'Arvor, *L'Orient des Cafés*, Paris, éd. Eric Koehler, 1990, p.10.
16 - Philippe Goyvaertz, *op. cit.*, p. 87.

boisson ne va pas tarder à se décliner sous d'autres formes en s'associant au sucre, au chocolat et à la musique. Même le Sofianopoulos n'hésite pas à faire du café frappé ou augmenté de caramel, présenté dans des gobelets en carton, ce qui serait aux yeux de ma grand-mère une affreuse hérésie.

Si les Italiens ont inventé, entre autres, le « stretto », les Français vont permettre à ce breuvage d'étonnantes métamorphoses : le café crème et le gâteau nommé « opéra ».

En effet, en acceptant d'être dilué dans le lait de vaches normandes, le café oriental signe un étrange compromis civilisationnel avec l'Occident. Il le fera encore davantage avec l'irrésistible pâtisserie dite « opéra ». C'est en 1899 que la pâtisserie du Grand Hôtel, ouverte en face de l'opéra Garnier, annonce le lancement de cette nouvelle spécialité : un gâteau rectangulaire à plusieurs couches composé de biscuit Joconde imbibé de café et garni d'une alternance de crème au beurre au café et de ganache au chocolat noir, le tout décoré d'un glaçage et de feuilles d'or. Dans les années 1950-1960, les maisons Dalloyau et Gaston Le Nôtre se disputeront la primauté de cette délicieuse création.

Café et amour

Avant de chercher le Starbucks du coin, il faut réécouter la belle voix de la légendaire Asmahan chanter « ahwa, qahwa, l'amour, c'est le café » et savourer son jeu de mots dans *Amour et vengeance*, ce grand film égyptien de 1944. Relire la magnifique poésie de Nizar Qabbani dont nous vous proposons la lecture après

Le café est déchiffrement du livre ouvert de l'âme, devin des secrets que le jour renferme.

Mahmoud Darwich,
Une mémoire pour l'oubli, 1986.

mon introduction, « La liseuse de marc de café », chantée par Abd el Halim Hafez, ou réécouter Serge Gainsbourg dans sa mythique chanson « Couleur café » de 1964. D'autres chansons françaises célèbrent le café à la française, associées au chocolat et à l'amour. Écouter la voix suave de Joe Dassin chantant « Le café des trois colombes » ou celle de Patrick Bruel dans « Le café des délices » est un plaisir qui donne l'envie et le besoin de réfléchir sur l'épopée orientale du café.

Du breuvage à l'art de sa présentation, il y a de quoi écrire de beaux livres à loisirs. Si Antoine Galland consacre quelques pages à l'obsession des Turcs de faire du service à café un art consommé, une opulence ostentatoire à l'image de leurs palaces et de leurs mosquées, les Arabes ont fait de leur cafetière ventrue le dallah des sculptures, et le café arabe comme turc est inscrit au Patrimoine mondial de l'UNESCO. L'étonnante sobriété du mazagran algérien, cette tasse longue, à pied et sans anses, nous rappelle le grand épisode du siège des soldats français à la citadelle de Mazagran par les troupes de l'émir Abdelkader en 1840. Assiégés et assoiffés, les soldats du Duc d'Aumale furent obligés de rompre avec leur habitude de consommer le café serré et arrosé à l'eau de vie pour adopter un breuvage de café largement étendu d'eau. Ils furent surtout contraints de le boire rapidement dans des tasses allongées et sans anses pour faire vite. Le mazagran est également une boisson caféinée qui consiste à verser le café chaud sur des glaçons citronnés ou à l'eau de vie. On l'appelle également « le café portugais ».

Café Arabe

Du port de Mokka, à la Mecque, à Alexandrie, au Caire, à Istanbul, à Venise ou à Paris, le café a réussi à unir l'Orient à l'Occident. À l'heure du déni de l'apport de la civilisation arabe à celle de l'Europe, des mots – « arabica », « kawa », « mokka » et « tasa » – nous rappellent le rêve de Goethe et des Saint-Simoniens de marier l'Orient à l'Occident dans cette Méditerranée qui serait, selon eux, leur lit nuptial[17].

Le café a peut-être réussi là où la politique a échoué. Son histoire fut et sera toujours un songe posé sur les rives de nos deux mondes, et un hommage rendu au grand Antoine Galland à chaque tasse consommée.

Ahmed Youssef
de l'Institut d'Égypte

Le café est la petite sœur de la liberté.
Cheikh Abd al Kadir, XIe s.

17 - Michel Chevalier, *Système de la Méditerranée*, Paris, éd. Fayard, 2006.

Ammar Farhat, *Le café*, 1967.

AHWA
(Je suis café...je suis amoureuse)

Café...Café
Qui me demande du café ?
J'étanche sa soif moi-même par mon café.

JE SUIS AMOUREUSE, JE SUIS CAFÉ.

J'aime la lune. Ivre de sa lumière, je passe toute la nuit en sa compagnie.
Elle met mon cœur en extase
Et le monde devient ainsi murmure et soliloque.
Qui me demande du café ?
J'étanche sa soif moi-même par mon café.

JE SUIS AMOUREUSE, JE SUIS CAFÉ.

Toi, qui passes la nuit éveillé si tu bois une tasse de café que j'ai préparée,
Tu y trouveras consolation et ta vie deviendra belle.

JE SUIS AMOUREUSE, JE SUIS CAFÉ.

Qui me demande du café ?
J'étanche sa soif moi-même par mon café.

JE SUIS AMOUREUSE, JE SUIS CAFÉ.

Éloigne tes soucis de ton âme, tu n'y récolteras que tes pleurs.
Que vaut le monde ?
À quoi sert de se plaindre ?
Qui me demande du café ?
J'étanche sa soif moi-même par mon café.

JE SUIS AMOUREUSE, JE SUIS CAFÉ.

Ahwa (Je suis café...je suis amoureuse)
Asmahan
Composition : Farid Al-Atrach
Paroles : Mamoun Al-Shinawy
Du film* Gharam wa intiqam *(Amour et vengeance)
Le Caire, 1944

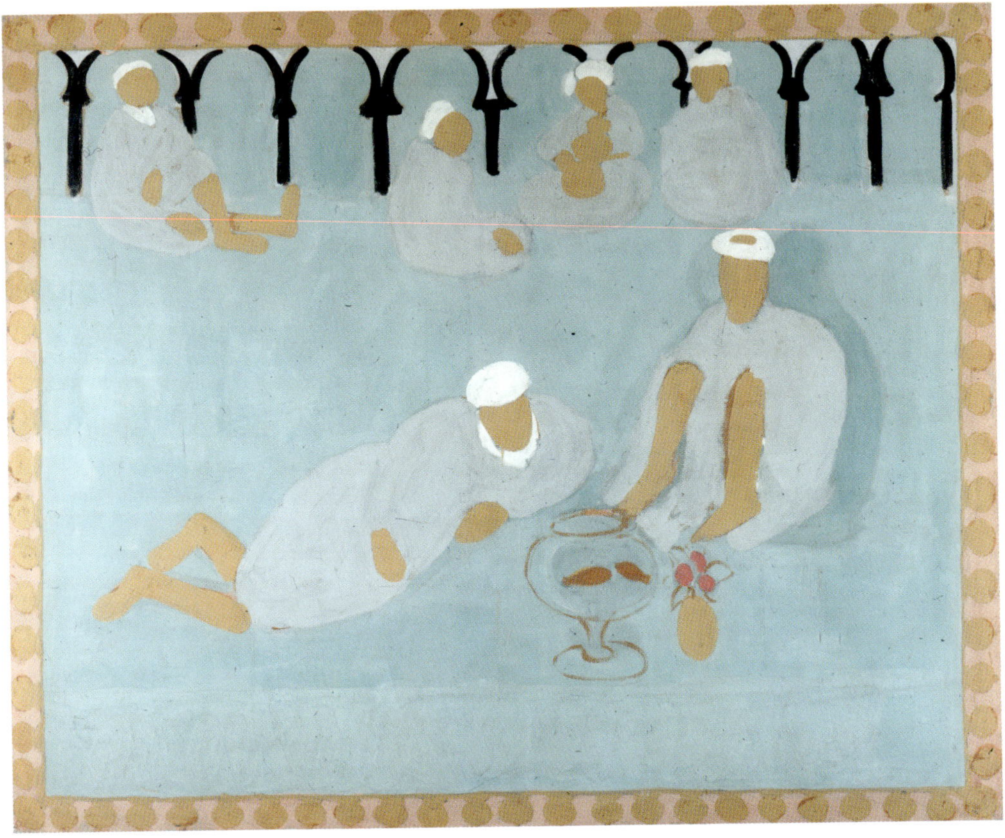

ANTOINE GALLAND

DE L'ORIGINE ET DU PROGRÈS DU CAFÉ

(1699)

À Monsieur Chassebras de Camaille.

MONSIEUR,

Je ne sais si je me trompe, et si vous avez remarqué, comme moi, que le Café sert d'entretien, et que l'on en prend rarement que l'on n'exprime le plaisir qu'il fait, en disant qu'il est bon, qu'il est excellent, d'une manière plus vive qu'à l'égard des autres boissons. Mais je sais, et vous le savez aussi bien que moi, que dans les visites réglées, les Turcs le présentent d'abord que la conversation devient languissante. Alors on ne manque pas de s'écrier que le Café est admirable et que le maître de la maison a des gens qui s'entendent parfaitement à le préparer. Et comme si le Café réveillait l'esprit, comme il est vrai en effet qu'il le réveille, l'on passe de cette matière à d'autres, pendant que l'on apporte le sorbet et le parfum, et l'on sort enfin très-content de la visite que l'on a faite.

La même chose arrive chez vous assez souvent, lorsque vous régalez vos amis du Café que vous prenez du plaisir à faire vous-même, en quoi vous réussissez mieux que ceux qui en font profession. La conversation que vous ne laissez jamais languir, change alors agréablement, pour louer la bonté du Café et celui qui l'a préparé.

C'est ce qui arriva la dernière fois que je me trouvai chez vous, où l'excellence du Café que je pris, me donna lieu de vous dire que j'avais découvert dans un historien turc le temps que l'on avait commencé d'en prendre à Constantinople, et

Antoine Galland

Émile Vernet-Lecomte, Portrait du baron Lycklama Nijeholt en costume oriental, 1869.

que ce même historien, après avoir fait le récit du trouble que cette boisson y avait causé peu de temps après qu'elle y eut été introduite, rapportait comment elle y avait été reçue et approuvée, nonobstant les oppositions formées pour en interdire l'usage.

Ce que je vous dis alors en peu de mots des particularités rapportées par cet auteur, vous fit naître la curiosité d'en savoir davantage. Vous me priâtes, vous et la compagnie qui se trouvait chez vous, de les mettre par écrit, et d'y ajouter ce que j'avais pu observer de l'usage que l'on fait du Café à Constantinople, où j'ai demeuré long-temps, parce que vous trouviez que ceux qui en ont traité n'étaient pas entrés dans un assez grand détail sur cette matière.

L'estime particulière que je fais de votre personne et la considération que j'ai pour la compagnie ne me permirent pas de différer d'un moment à satisfaire votre curiosité, et à répondre en même temps à la bonne opinion que vous aviez de moi.

Mais, avant que de venir à l'exécution, m'étant souvenu d'avoir lu dans la bibliothèque orientale de feu M. d'Herbelot qui paraîtra au premier jour, et dont j'ai déjà un exemplaire à l'occasion que vous savez, qu'il y avait dans la bibliothèque du Roi un manuscrit arabe, lequel contenait l'apologie du Café contre certains docteurs mahométans qui avaient prétendu que l'usage devait en être défendu aux Musulmans, je crus que je devais le consulter pour voir si je n'y trouverais pas la première origine de cette boisson. Je l'ai obtenu par la bonté de M. l'abbé De Louvois, qui se fait un plaisir d'obliger tout le monde, et particulièrement les gens de lettres, et j'y ai trouvé ce que je cherchais. Ainsi, Monsieur, vous aurez plus que vous n'avez demandé ; car vous n'aurez pas seulement l'origine du Café à Constantinople, mais encore la première origine avant qu'il y fût introduit, et son progrès jusques à présent. Je vous prie d'agréer ce que vous en trouverez dans cette lettre, et d'en faire part à la compagnie.

Pour servir de fondement au sujet que j'entreprends, il est à propos d'établir l'étymologie et la signification propre du mot de Café. Il vient de *Cahveh* comme le prononcent les Turcs avec un *v* consonne, en faisant la première syllabe longue, accompagnée d'une espèce d'aspiration désignée par la lettre *h*. En second lieu, le mot de *Cahueh* est le même que *Cahouah* ou *Cahuch* parmi les Arabes qui n'expriment pas l'*u* consonne comme les Turcs, ni comme nous ; mais comme les Italiens prononcent leur *u* voyelle. Ainsi, vous voyez qu'en prononçant Café comme les Italiens, et comme la plupart des nations de l'Europe, nous avons fait la première syllabe brève, et changé l'*u* de la seconde en *f*, et que Café et *Cahveh* viennent de *Cahouah*, qui est un mot arabe.

Ce mot de *Cahouah*, pour parler de sa signification, vient d'un verbe arabe, qui signifie avoir un dégoût de manger, n'avoir point d'appétit ; et c'est un des différents noms que les Arabes donnent au vin, suivant la fécondité de leur langue. Leurs auteurs, de qui nous avons des dictionnaires de la langue arabique, en rendent témoignage ; et les Turcs, dans leurs vocabulaires, l'expriment par le mot de *Suyi* dont ils se servent pour signifier proprement le vin, en leur langue ; car celui de *Scherah*, dont ils se servent communément en sa place, signifie en général toutes sortes de boissons, et ce n'est pas un mot né chez eux ; ils l'ont emprunté des Arabes, et c'est de ce même mot que celui de sirop est dérivé.

Cahouah tirant son étymologie du verbe qui a été marqué, Golius écrit qu'il signifie le vin, par un effet contraire ; parce, dit-il, qu'il donne de l'appétit. Mais, sans s'éloigner de la signification du verbe, il semble plutôt que c'est parce que le vin bu

excessivement travaille si fort l'estomac qu'il ôte l'appétit. En effet, ce n'est pas l'intention des Orientaux de gagner de l'appétit en buvant du vin, puisqu'ils mangent fort peu quand ils en boivent, et que c'est presque toujours hors du repas. C'est même le plus souvent exprès pour s'enivrer, au contraire de toutes les autres nations ; car l'on s'enivre à force de boire, le plus souvent sans en avoir l'intention. Cela étant, il est certain que l'on n'a point d'appétit lorsqu'on est ivre, surtout vers la fin de l'ivresse, que l'on a un véritable dégoût.

Golius ne marque point qu'il ait pris son sentiment dans aucun auteur arabe ; mais l'auteur du manuscrit de la bibliothèque du Roi cite un docteur qui avait écrit avant lui pour la défense du Café, lequel est du sentiment que je viens d'avancer.

Du mot de *Cahouah*, qui d'abord a signifié seulement le *vin* en particulier, les Arabes en ont fait un terme générique, pour signifier toutes sortes de boissons. C'est pourquoi il ne signifie ni l'arbre, ni les bayes ou les fèves de cet arbre que nous appelons *Café*, mais seulement la boisson que l'on en tire.

C'est pour cela que les Mahométans reconnaissent trois sortes ou trois espèces de Café. Le vin et toutes les boissons qui enivrent sont compris dans la première espèce. La seconde se fait avec les gousses, ou plutôt avec les enveloppes qui renferment le fruit que nous appelons Café. Nous ne nous servons pas de ces enveloppes en Europe, de même que l'on ne s'en sert pas aussi en plusieurs endroits de l'Asie, parce qu'elles ne sont pas propres à être transportées hors de l'Arabie heureuse, ou de l'Ethiopie où croît l'arbre du Café. La troisième espèce est celle qui se fait avec la fève que porte cet arbre, telle qu'elle est en usage parmi nous ; et les Arabes appellent cette fève *Buun*, et l'arbre qui la porte, l'arbre du *Buun*. Les mêmes Arabes nomment la troisième espèce de Café *Alcahouat albunniat*, ou *Alcahouat albunn*, la boisson ou le Café du *Bunn* ; et la seconde, *Alcabouat alcaschriat*, le Café des enveloppes. L'une et l'autre de ces espèces de Café sont permises suivant la loi mahométane, après les contestations auxquelles elles ont donné lieu, comme nous le verrons plus bas.

M. Nairon Maronite, lecteur en arabe à Rome, dans le petit traité où il montre que le Café est une boisson très-salubre, dont il vous fit présent lorsque vous étiez à Rome, cite un autre passage du même Avicenne, où il prétend qu'il est fait mention du *Bunn* ; mais, suivant sa citation, Avicenne ne parle point du *Bunn* dans ce passage ; il parle du *Bunk*, qui est une racine suivant d'autres auteurs arabes, et non pas un fruit, ou une fève, comme est le *Bunn*, même selon Avicenne, lequel à la vérité ne paraît pas assez clair dans ce passage.

Avant que de passer outre, il est bon de vous avertir que M. Nairon a fait une faute à l'occasion de ce même passage, laquelle me surprend d'autant plus que l'arabe est sa langue maternelle. Il appelle *Am Gaïlan* la plante que les Arabes nomment *Omm Gaïlain* ou *Omm Gheïlan*. Car c'est ainsi qu'il faut lire selon la grammaire, et la plante *Omm Gheïlain* est celle que nos botanistes connaissent sous le nom de *Spina Ægyptia*.

M. Nairon n'est pas plus heureux quand il dit qu'au lieu de *Bunn*, il y en a qui prononcent *Ban* et *Ben*. Il faut être peu versé dans la connaissance des plantes, selon les Arabes, pour être de ce sentiment : si cela était, le *Bunn* ne serait point distingué du *Ban*, ou *Ben*, qui est une autre plante toute différente ; et alors le mot de *Ban* s'écrit en arabe avec trois lettres, à savoir : avec bè, un elif, et un nun ; au lieu que *Bunn* s'écrit seulement avec un bè et un nun double.

Constantinople XIXe siècle
vendeur ambulant de café et de tabac.

Ajoutez à cela que le docteur cité par Abdalcader, lequel parle du *Bunn*, comme l'on dit *ex professo*, ne marque pas qu'on le prononce ainsi, *Ban* ou *Ben*. Il ne sert rien de dire que les Arabes écrivent *Bunn* sans voyelles ; il est permis de lire comme l'on veut. L'écriture sans points, ou plutôt sans voyelles, n'ôte rien à la prononciation de leurs mots et ne donne pas aussi la liberté d'y ajouter. C'est un malheur, pour ceux qui n'ont pas assez d'usage de la langue, de ne pas savoir la prononciation véritable des mots, suivant les endroits où ils sont employés.

J'aurai encore à vous parler de M. Nairon ; mais je reviens à Avicenne, pour vous dire qu'il n'est pas le seul auteur arabe qui ait parlé du *Bunn*. Vous verrez ci-après que Bengiazlah, autre ancien médecin arabe, en avait aussi parlé de son temps, d'où il est aisé de conclure que l'on est redevable du Café à la médecine, de même que du sucre, du thé, chocolat, et de tout ce qui entre dans sa composition.

Après ces observations un peu ennuyeuses, mais nécessaires pour mieux entendre le sujet dont je dois vous entretenir, il faut vous parler du manuscrit de la bibliothèque du Roi. C'est un petit in-quarto de 136 pages, dont l'auteur est Abdalcader, Mohammed, Alansari, Algeziri, Alhanbali.

Voilà, direz-vous, bien des mots pour le nom d'un seul homme ! Cependant, quand je vous en aurai donné l'explication, vous demeurerez d'accord qu'il n'y en a pas un qui soit inutile.

Abdalcader, qui signifie serviteur du Puissant, c'est-à-dire, de Dieu, désigné sous cet attribut, est son nom propre ; Ben Mohammed veut dire qu'il était fils de Mohammed ; et parce que plusieurs personnes pourraient porter le même nom, les mots qui suivent servent pour le distinguer d'avec eux. Alansari marque qu'il était originaire de Médine ; Algeziri, qu'il était natif d'un lieu nommé Gezir ; Alhanbali, qu'il était Hanbalite, c'est-à-dire, de la secte de Hanbal, chef de l'une des quatre sectes orthodoxes du Mahométisme.

Vous demanderez peut-être quel rapport le mot d'Alansari a avec la ville de Médine ? Il contient une condition que je me réserve à vous dire de bouche, de crainte qu'en m'éloignant de mon sujet, je ne fasse un livre au lieu d'une lettre. C'est pour la même raison que je ne vous rapporterai pas le titre arabe que cet auteur a donné à son ouvrage. Je vous dirai seulement que l'on peut très-bien le rendre en ces termes : *Ce que l'on doit croire de plus précis et de plus sincère touchant le Café ; savoir : s'il est permis aux Musulmans et en user*.

L'auteur a divisé son livre en sept chapitres. Dans le premier, il parle de l'étymologie et de la signification du mot *Cahouah*, de la manière que je vous l'ai fait remarquer, de la nature et des propriétés du Café, du pays où l'on a commencé d'en user communément, et de l'intention avec laquelle on le prit d'abord.

Dans le second, il fait le récit d'une assemblée des gouverneurs, des docteurs de la loi, et des principaux officiers de justice de La Mecque, dans laquelle le Café, qui était déjà fort en usage, fut mis au nombre des choses défendues dans la religion musulmane. Il ajoute les raisons qui obligèrent de faire cette déclaration ; mais l'on voit ensuite qu'elle n'eut lieu que très-peu de tems.

Ces raisons sont combattues et détruites dans les quatre chapitres suivants, et le dernier contient un recueil de vers arabes à la louange du Café, composés par plusieurs docteurs et poètes célèbres, environ le tems de cette dispute. L'auteur écrivait en Egypte, l'an 996 de l'hégire, c'est-à-dire, l'an 1587 de J. C.

Je n'entreprendrai point de faire la traduction de ce manuscrit, parce qu'il y a plusieurs choses qui regardent uniquement les précautions scrupuleuses de la religion musulmane, qui seraient ennuyeuses à lire. Je me contenterai d'en tirer ce qui peut arrêter votre curiosité, et contribuer au dessein que vous m'avez tracé vous-même.

Voici donc ce qu'Abdalcader a écrit de l'origine et du progrès de la boisson du Café, après Schehabeddin Ben Abdalgaffar Abnaleki, autre auteur qui avait écrit sur cette matière avant lui, déclarant qu'il n'a presque fait que le copier. Ce Schehabeddin est d'autant plus croyable et authentique qu'il était voisin de l'époque du Café, que nous allons voir.

Dans le milieu du neuvième siècle de l'hégire, et du quinzième de la naissance de Jésus-Christ, Gemaleddin Abouabdallah Mohammed Bensaïd, surnommé Aldhabbani, parce qu'il était natif de Dhabhan, petite ville de l'Hiémen, ou de l'Arabie heureuse, qui doit être regardé comme l'auteur du grand usage que l'on fait aujourd'hui du Café, demeurait à Aden, port fameux de l'Arabie heureuse, situé sur l'Océan, à l'orient de la Mer Rouge. Le rang qu'il y tenait était très-considérable, puisqu'il était Muphti sous l'autorité du prince qui y régnait alors. Mais une affaire l'appelant en Perse, il en entreprit le voyage, et pendant le séjour qu'il fit en ce royaume, il y trouva des gens de son pays qui prenaient du Café, ce qu'il observa sans s'informer d'eux à quel dessein ils le faisaient, ni quel avantage ils en retiraient.

A son retour à Aden, sa santé s'étant un peu altérée, il se souvint du Café qu'il avait vu prendre en Perse, et s'imagina qu'il pourrait faire passer son mal, s'il en prenait : il en prit et s'en trouva fort bien. Mais outre qu'il répara sa santé par ce remède qu'il ne connaissait pas auparavant, il remarqua encore que le Café avait des propriétés particulières, comme de dissiper la pesanteur causée par les fumées qui montent à la tête, d'égayer l'esprit, de donner de la joie, de rendre les entrailles libres, et surtout d'empêcher de dormir sans en être incommodé.

Gemaleddin Dhabhan fit particulièrement son profit de cette dernière propriété. En effet, il se mit dans la dévotion ; et, s'étant associé avec des Sofis ou Derviches, lui et ces Derviches prenaient du Café ensemble à l'entrée de la nuit, et ils la passaient jusques au jour en des prières et autres exercices spirituels de la dévotion la plus rigide parmi les Mahométans, avec une liberté d'esprit à laquelle ceux qui faisaient les mêmes exercices avec eux n'avaient pu parvenir jusqu'alors. Car dans la religion mahométane, les plus dévots ne se contentent pas de faire, chaque jour, les cinq prières qui sont de précepte indispensable, ils jeûnent encore, ils veillent, ils se prosternent la face contre terre, et font d'autres prières et d'autres œuvres de surérogation.

L'exemple et l'autorité de Gemaleddin Dhabhan donna en peu de temps un grand crédit au Café dans Aden, et bientôt lui et ses Derviches ne furent pas les seuls qui en usèrent. Ils furent suivis par les gens de loi qui aimaient la lecture, par les artisans qui avaient besoin de gagner du temps pour avancer leur besogne, par les voyageurs qui étaient obligés de marcher de nuit pour éviter les grandes chaleurs du jour, et enfin par toute la ville d'Aden. Car ceux qui ne cherchaient pas à veiller, ou qui n'en avaient pas besoin, se contentèrent d'en prendre pendant le jour, pour profiter des autres avantages qu'il procurait.

L'on prenait une autre boisson à Aden avant celle-ci, mais toute différente.

On la faisait avec une feuille nommée *Cat*, qui lui avait fait donner le nom de *Cahouat alcatiat*, le Café du *Cat*. Mais comme l'on se trouva mieux du Café du *Bunn*, l'on abandonna entièrement l'usage de la première boisson, d'autant plus que le Café du *Bunn* se faisait avec moins de dépense. Pour ce qui regarde cette feuille, Abdalcader n'en dit rien qui puisse faire juger que ce fût du thé.

Ainsi, voilà la première origine du grand usage du Café, puisqu'il était en usage auparavant, comme vous l'avez pu remarquer ci-dessus ; mais c'était parmi peu de gens qui le prenaient sans en ressentir d'incommodité, et qui ne savaient peut-être pas trop distinctement s'il leur faisait du bien. Cela avait fait que le Café était demeuré dans l'obscurité jusques à Gemaleddin Dhabban, homme d'esprit, capable de remarquer l'excellence d'une boisson si précieuse et de la faire agréer au public, comme il le fit avec Mohammed, surnommé Alhadhrami, c'est-à-dire, natif ou originaire de Hadhramour, ville capitale du pays de ce nom dans l'Arabie heureuse, connue par les anciens géographes grecs et latins sous celui d'Atramyte ; c'était un autre docteur d'un grand poids qui en prenait aussi et qui se joignit à lui pour le faire valoir.

Quand je dis que le Café était dans l'obscurité, il faut entendre dans l'Arabie heureuse, quoiqu'elle produise le fruit ou la fève dont on le fait, et dans la Perse où il était peu connu. Car, selon notre auteur, on le prenait en Ethiopie de tems immémorial.

M. Nairon rapporte autrement l'origine du Café dans son traité ; et, quoique je n'y ajoute pas de foi, néanmoins je veux bien vous la rapporter ici, afin de vous faire mieux remarquer qu'elle approche fort de la fable.

Le caféier, arbuste qui atteint parfois jusqu'à sept nètres de hauteur, parait originaire de l'Abyssinie, du Soudan et de toute l'Afrique Equatoriale d'où il aurait té transporté au XVme ou au XVIme siècle dans l'Yémen, aux environs de Moka. De là, sa culture s'est progressivement étendue aux Indes, à Bourbon, à la Réunion, puis aux Antilles, au Brésil, à Java, au Gabon. Il lui aut une température ne dépassant pas 35 degrés et ne lescendant pas au-dessous de 10.

La question de la découverte du Café est très obscure. Une légende dit qu'un berger ayant constaté que ses chèvres sautaient joyeusement lorsqu'elles broutaient les fruits de certains arbustes, en informa le Prieur d'un couvent.

Celui-ci ayant fait bouillir ces fruits dans l'eau et ayant remarqué que cette boisson éloignait le sommeil, en ordonna à ses moines pour les empêcher de dormir aux offices de nuit.

Un chamelier, ou un garde de chèvres, se plaignant à des moines de l'Arabie que ses chameaux ou ses chèvres veillaient toute la nuit certains jours de la semaine, et sautaient contre leur coutume, le Prieur ou l'Abbé du Couvent, curieux de savoir pourquoi ces animaux étaient si éveillés et si gais, se donna la peine avec un compagnon de les observer une nuit dans l'endroit où cela leur arrivait. Ayant remarqué qu'ils y mangeaient du fruit de certains arbrisseaux, il fit bouillir de ce fruit dans de l'eau, et éprouva qu'en buvant de cette eau elle excitait à veiller. Cette découverte fit qu'il ordonna à ses moines d'en boire, afin qu'ils eussent moins de peine à assister à l'office divin pendant la nuit. Ces moines ayant trouvé, par l'usage qu'ils faisaient tous les jours de cette boisson, qu'elle avait plusieurs bons effets pour la santé, elle s'introduisit peu à peu dans le pays, et de là dans les autres provinces de l'Orient.

En premier lieu, il faut considérer que M. Nairon ne fait aucun auteur garant de ce qu'il avance. Il écrit seulement que c'est la tradition commune des Orientaux. Cela veut dire en bon français que c'est un conte qui se débite parmi le menu peuple de l'Orient, auquel les gens de bon sens ne doivent pas s'arrêter.

Secondement, il est aisé de voir que c'est une fable fondée sur la véritable origine du Café, rapportée par Abdalcader, dont les chrétiens orientaux ont été bien aise de se faire honneur. Le Prieur ou l'Abbé du couvent et son compagnon sont Gemaleddin Dhabhan et Mohammed Alhadhrami, et les moines du couvent sont les Derviches qui passaient la nuit à faire leurs prières avec ces personnages.

Quoiqu'il en eût vu prendre en Perse, ce n'étaient pas des Persans qui en prenaient, mais des gens de son pays. Or, si le grand usage du Café n'a commencé que du temps de Gemaleddin Dhabhan, supposons que Gemaleddin Dhabhan n'y ait point de part et qu'il ait été introduit par des moines, il est aisé de prouver que cela ne peut pas être, et M. Nairon n'y songeait pas, quand il a été si facile à y ajouter foi. En voici la raison.

M. Nairon ne peut pas soutenir qu'il y ait eu des moines dans l'Arabie heureuse en ce temps-là. Il peut y en avoir eu avant Mahomet : car, quoique du temps de ce faux prophète il y eût encore beaucoup d'idolâtres, néanmoins l'histoire nous apprend qu'il y avait aussi des chrétiens. Mais nous savons aussi par l'histoire que l'Arabie heureuse est devenue mahométane depuis Mahomet, et l'on ne peut pas dire que ces moines soient ceux du mont Sinaï, qui sont les seuls que l'on sache qui soient en Arabie. Le Mont Sinaï est dans l'Arabie pétrée, et non pas dans l'Arabie heureuse.

Ainsi, M. Nairon ne peut fixer le temps de ces moines que devant Mahomet, ou vers le temps auquel ce faux prophète vivait, ou peu de tems après. Si cela était, et si le Café avait été introduit dans ce temps-là, il serait impossible que les anciens historiens et les poètes arabes et persans n'en eussent parlé les premiers dans leurs histoires, et ceux-ci dans leurs poésies. Mais comme ils n'en disent pas un mot, il n'y a pas à balancer, il faut reconnaître pour la véritable époque du fréquent usage du Café, celle que l'auteur du manuscrit de la bibliothèque du Roi nous enseigne.

Ce qui peut servir à justifier et à fixer cette époque vers le milieu du neuvième siècle de l'hégire, comme il a été marqué, c'est que Gemaleddin Dhabhan est mort l'an 875 de l'hégire, qui tombe dans l'an 1470 de J. C.

Vous remarquerez que l'usage du Café dans Aden n'a point souffert d'interruption depuis le temps qu'il y fut introduit, et qu'on l'y prenait en toute liberté dans le temps que l'on conspirait à La Mecque, au Caire et à Constantinople, pour le mettre en rang des choses défendues par la religion mahométane, comme nous le verrons.

Le Café ayant été reçu à Aden de la manière que nous avons vue, il passa peu à peu en plusieurs autres lieux voisins, et il arriva à La Mecque vers la fin du neuvième siècle de l'hégire. Les dévots furent les premiers qui commencèrent à s'en servir à l'imitation des Derviches d'Aden, et à en prendre dans le temple fameux de La Mecque, où les Mahométans vont en pèlerinage de tous les endroits du monde. Ils le firent dans la même intention qui avait porté Gemaleddin Dhabhan à s'en servir ; c'est-à-dire, de faire pendant la nuit leurs prières et leurs autres exercices de dévotion, et de dissiper à ce moyen les fumées qui les auraient portés à dormir. Mais le Café dont ils se servaient était celui que l'on fait avec la gousse, qu'on leur apportait de l'Arabie heureuse. Car La Mecque n'est pas dans l'Arabie heureuse, mais dans une province particulière de l'Arabie prise en général, appelée par les uns Tehannah, et par les autres Hegiaz.

Plusieurs habitans de La Mecque suivirent l'exemple de ces dévots et prirent du Café comme eux, et insensiblement le Café y devint si commun, qu'on le vendait publiquement dans des maisons de Café où l'on s'assemblait pour en prendre. Mais ce qui contribua beaucoup au trouble qu'il causa quelque temps après, c'est qu'au lieu de le prendre dans l'intention des dévots, ses premiers instituteurs, on ne le prenait que pour avoir un prétexte de passer le temps agréablement. L'on y jouait aux échecs et au mancalah, jeux fort communs dans le Levant, même pour de l'argent, ce qui n'est pas ordinaire chez les Mahométans. L'on y chantait, l'on y jouait des instruments et l'on y dansait ; toutes choses que les Mahométans n'approuvent pas dans leur religion.

Les cafés, des endroits dangereux pour l'avenir du pays.
Montesquieu, *Lettres persanes*, 1721.

Quoique je me sois proposé d'éviter les digressions, néanmoins je ne puis m'empêcher d'expliquer le jeu du mancalah, qui n'est pas connu dans ce pays-ci.

L'on ne joue au mancalah que deux personnes à la fois. Pour y jouer, il faut avoir soixante-douze coquilles, que l'on appelle porcelaines ; ou autant de petites pierres, ou de poids, ou d'autres choses semblables. On les met par six dans douze petites fosses rondes, creusées six à six sur deux lignes dans un morceau de bois, épais à proportion des fosses, et long d'un pied sur environ cinq pouces de largeur.

Pour commencer, l'un de ceux qui jouent prend les six porcelaines de telle fosse qu'il lui plaît, et en commençant par la fosse qui la suit, il les distribue dans les autres, une à une, de sorte que celle d'où il les a prises demeure vide. Le second joueur prend de même toutes les porcelaines d'une autre fosse à son choix, et il les distribue de même ; le premier fait encore la même chose, et ainsi l'un après l'autre successivement.

Par cette distribution, il arrive qu'il y a des fosses où il y a beaucoup plus de six porcelaines, et d'autres où il y en a moins. Lorsque celui qui distribue finit par une de ces fosses où il y en a moins de six ; si le nombre est impair après avoir distribué la dernière qu'il avait à la main, il les enlève et les met de son côté comme les ayant gagnées. Ce nombre impair ne peut être que trois ou cinq, parce que s'il n'y a qu'une porcelaine, on ne peut pas l'enlever, et il faut remarquer que si les porcelaines des fosses qui sont au-dessus, suivant la distribution qui en a été faite, sont aussi en nombre impair au-dessous de six, celui qui joue les enlève aussi en même temps ; plus il y en a et plus c'est un bon coup.

En jouant de cette manière jusqu'à la fin, celui qui a enlevé plus de trente-six porcelaines, a gagné. Ce jeu demande de l'attention pour prendre son avantage,

et pour empêcher celui de la partie adverse ; il donne occasion de rêver de même qu'aux échecs et aux dames, de sorte que l'on y joue sans parler.

Le Café acquérant tous les jours de la réputation, on lui donna entrée en plusieurs autres villes de l'Arabie, et particulièrement à Médine. Il sortit enfin de l'Arabie, et il vint en Egypte jusqu'au Caire. Les premiers qui l'y introduisirent furent des Derviches Icmanites, c'est-à-dire de la province d'Iemen, qui est l'Arabie heureuse, lesquels y demeuraient dans un quartier particulier. Ils le prenaient même dans leur mosquée, la nuit du lundi et du vendredi qu'ils passaient dans des exercices de dévotion, et principalement à réciter ces paroles : *Il n'y a pas d'autre Dieu que Dieu, roi manifeste de l'Univers*. Leur Café était dans un grand vase de terre rouge, et ils le recevaient avec grand respect de la main de leur chef qui leur en versait dans des tasses.

Je ne doute pas que vous ne fassiez attention sur cet endroit, vous qui faites ordinairement votre Café dans des cafetières de terre. La pratique de ces Derviches prouve qu'on le prépara d'abord dans ces sortes de vases, et que les cafetières de cuivre étamé et d'autres matières, n'ont été inventées que depuis.

Ces Derviches Icmanites commencèrent à prendre le Café au Caire en cette manière, au commencement du dixième siècle de l'hégire et du seizième de J. C. Plusieurs dévots au Caire de leurs amis qui en goûtèrent ayant éprouvé l'effet qu'il faisait, d'abattre les vapeurs qui causaient le sommeil, continuèrent d'en prendre toutes les fois qu'ils voulaient passer la nuit en prières. D'eux, il se communiqua aux gens de lettres et à d'autres, et enfin il devint aussi commun au Caire qu'à Aden, qu'à La Mecque, qu'à Médine et ailleurs.

Comme vous venez de voir, le grand usage du Café ayant commencé par Gemaleddin Dhabhan, s'augmenta jusques en l'an 917 de l'hégire et 1511 de J.C., sans que personne se fût avisé de s'y opposer sous aucun prétexte. Mais, en cette année, il reçut une furieuse atteinte par la condamnation qui en fut faite à La Mecque, et il courait risque d'être supprimé pour jamais dans toute l'étendue du mahométisme, si elle avait eu lieu. J'espère que cet endroit de l'histoire de l'origine et du progrès du Café ne vous sera point désagréable. Voici ce qui se passa en cette occasion.

Khaïr Beg, gouverneur de La Mecque, de la part de Cansou, sultan ou soudan d'Egypte, car il y avait longtemps que cette ville était sous la domination des soudans d'Egypte, voulant un jour sortir du temple de La Mecque après la prière du soir, aperçut dans le même temple un cercle de gens assis, avec de la lumière dans une lanterne, qui prenaient du Café pour se préparer à veiller toute la nuit, en récitant des louanges de Mahomet sur sa naissance. Il fut fort surpris de voir boire en cette forme, au milieu du temple, que les Musulmans ont en si grande vénération : car il n'avait pas encore entendu parler de Café, ni de la manière de le prendre ; et il crut d'abord que c'était du vin qu'ils buvaient.

Ces preneurs de Café, voyant que le gouverneur les observait, éteignirent d'abord leur lumière, et cela augmenta davantage sa curiosité. Il détacha de ses gens pour aller à eux, et il les fit venir devant lui rendre compte de leur action ; et son étonnement augmenta quand il les vit munis d'un pot et de tasses. Tout ce qu'on put lui dire de cette boisson, qu'elle était commune à La Mecque, qu'on la vendait publiquement dans les lieux où l'on s'assemblait pour la prendre, ne le satisfit pas, particulièrement lorsqu'il apprit qu'on y jouait aussi, que l'on y chantait et que l'on y dansait. Tout cela lui fit soupçonner que le Café enivrait ; et, supposé qu'il n'enivrait pas, il jugea qu'il donnait lieu de faire des choses qui n'étaient pas tolérables dans le musulmanisme. Il crut donc qu'il était de son autorité de remédier à ces désordres, et il défendit à ses gens de prendre davantage du Café, en leur enjoignant de se retirer chacun chez eux, et de ne plus tenir de pareilles assemblées.

Le lendemain de grand matin, Khaïr Beg convoqua les officiers de justice avec tous les docteurs de la loi les plus fameux dans les sectes orthodoxes de leur religion, plusieurs dévots et un grand nombre de notables de La Mecque. Lorsqu'ils furent assemblés, il leur fit le récit de ce qu'il avait vu, et du désordre qu'il avait appris que le Café causait d'ailleurs dans la ville. Il ajouta qu'il était résolu d'en interrompre le cours, mais qu'il était bien aise de ne rien faire sans leur participation, et qu'il les avait fait appeler pour leur communiquer son dessein et pour leur demander leur sentiment.

Les docteurs répondirent que les désordres qui se commettaient dans les maisons de Café, n'étaient pas supportables suivant la loi mahométane, qu'ils étaient sans difficulté illicites et défendus, et qu'il était juste de s'y opposer. A l'égard du Café que l'on y prenait, ils ajoutèrent que Dieu, suivant l'Alcoran, avait créé toutes les choses que la terre produit pour l'usage des hommes, et que le *Buun*, dont on préparait cette boisson, était le fruit d'un arbre ; cela étant, avant que de déclarer si l'usage qu'on en faisait devait être défendu, qu'il s'agissait d'examiner s'il était nuisible au corps ou à l'esprit, et si par lui-même il excitait à la joie, et en même temps à commettre les désordres dont on se plaignait ; s'il n'avait que ces mauvaises qualités, que l'on pourrait laisser la liberté d'en prendre dans le particulier, et qu'il suffirait de défendre les lieux publics où il se débitait.La conclusion fut qu'il fallait recourir à l'avis des médecins touchant les qualités et les propriétés du *Buun* et de la boisson qu'on en préparait.

Alors il y avait à La Mecque deux frères persans, l'un et l'autre docteurs, savants dans la logique et dans la théologie scholastique mahométane, lesquels faisaient aussi profession de la médecine ; mais ils y étaient médiocrement habiles, et l'un des deux avait fait un écrit contre l'usage du Café, jaloux peut-être de ce qu'il leur ôtait beaucoup de pratiques. L'un et l'autre étant les premiers médecins de La Mecque, Khaïr Beg, sollicité d'ailleurs par son Iman, s'étant proposé de supprimer entièrement le Café, et voyant que les docteurs de la loi s'en rapportaient à l'avis des médecins, il les renvoya appeler, et lorsqu'ils furent arrivés, il leur dit le sujet pour lequel il les avait fait venir.

Les deux médecins furent d'un même avis, et ils assurèrent l'un et l'autre que le *Bunn* des gousses, duquel on se servait à La Mecque pour faire le Café, était froid et sec, et que par ces deux qualités il était très-nuisible à la santé.

Un docteur de l'assemblée, qui n'était pas médecin, mais qui avait lu des livres de médecine, répartit que Ben Giazlah, ancien médecin, n'était pas de ce sentiment dans son ouvrage des médicaments simples et des aliments, où il avait écrit que le *Bunn* cuisait et consumait le flegme, ce qui marquait que ce fruit n'était pas de la nature qu'ils disaient.

Ben Giazlah avait raison ; car, à l'occasion de cette dispute, tous les médecins de ce temps-là, suivant les principes de la médecine des Arabes et de la galénique, convinrent que le *Bunn* ou le Café était chaud et sec, et non pas froid et sec.

Mais les deux médecins persans, qui se faisaient fort sur ce qu'ils étaient reconnus pour médecins, et qui ne doutaient pas qu'ils n'en fussent crus sur leur parole, soutinrent ce qu'ils avaient avancé, et répliquèrent hardiment que Ben Giazlah n'avait point entendu parler du *Bunn* dont il était question, mais d'un autre

Bunn qui faisait les effets qu'il lui attribuait. Ensuite, sortant de leur caractère de médecins, parce qu'ils étaient encore docteurs en théologie mahométane, ils dirent aussi leur avis en cette qualité.

Ils ajoutèrent donc, en soutenant, quand le *Bunn* serait mis au nombre des choses indifférentes, dont il est libre à tout le monde de se servir, qu'il conduisait à des choses défendues, et que lorsqu'on doutait, savoir : si une chose était défendue ou indifférente, qu'il fallait s'arrêter au plus sûr, qui était de croire qu'elle était défendue.

Après que ces deux médecins eurent ainsi opiné pour la condamnation du Café, plusieurs de l'assemblée, ennemis jurés de cette boisson, soit par prévention ou par un faux zèle, se voyant appuyés du suffrage de ces médecins, assurèrent qu'ils avaient éprouvé qu'elle troublait le cerveau, et qu'ils s'en étaient trouvés fort incommodés.

Il y en eut un qui osa avancer qu'elle enivrait comme le vin, et il donna sujet de rire à l'assemblée, toute sérieuse qu'elle était, parce qu'il ne pouvait assurer ce qu'il disait sans avoir bu du vin, et, par conséquent sans avoir contrevenu au précepte de la religion qui le défend. Un docteur lui demanda s'il en avait bu pour assurer que le Café enivrait de même. Il eut l'imprudence de répondre affirmativement, et le docteur dit aussitôt à l'assemblée que, s'étant accusé lui-même, il fallait lui donner quatre-vingts coups de bâton, punition dont l'on châtie ceux qui contreviennent à ce qui est défendu par la loi mahométane.

Les autres docteurs, par faiblesse ou par complaisance envers le gouverneur, donnèrent leur suffrage de vive voix, conformément à celui des deux médecins et de ceux qui les avaient suivis. Il n'y en eut qu'un seul qui prit la défense du Café avec chaleur, et quoiqu'il fût professeur en théologie et en jurisprudence, et qu'il eût encore l'autorité de Muphti, néanmoins les faux zélés, ne pouvant répondre à ses arguments, le chargèrent d'injures et le traitèrent d'infidèle à sa religion à cause de sa fermeté.

La condamnation du Café passa donc, et il fut dit que c'était une boisson défendue dans la loi, et la sentence en ayant été dressée fort ample, et en des termes pleins d'emphase, pour mieux exprimer le triomphe remporté en extirpant l'abus que l'on prétendait s'être glissé, elle fut signée par plusieurs docteurs, et le gouverneur en fit une dépêche qu'il envoya au sultan Cansou.

En même temps, Khaïr Beg, content du succès de son entreprise, envoya publier par les places publiques et par les carrefours de La Mecque, non-seulement la défense de vendre du Café, mais encore d'en boire, ni en public, ni en particulier, sous peine du châtiment qu'encourent ceux qui contreviennent à la religion mahométane.

En exécution de cette défense, les officiers de justice contraignirent de fermer les maisons de Café, et firent une grande recherche de tout le Café qui était celui des gousses, qu'ils y purent trouver, de même que dans les magasins des marchands, et le brûlèrent. L'autorité empêcha que l'on ne prît plus de Café en public, et il y en eut de châtiés pour avoir contrevenu à la défense. Mais Khaïr Beg ne put pas en empêcher l'usage dans le particulier, et la plupart de ceux qui en prenaient ne croyaient pas contrevenir à la loi, se fondant sur ce que la condamnation n'avait point passé tout d'une voix dans l'assemblée, et ils disaient que le docteur qui s'y était opposé, n'avait point de raisons moins fortes pour approuver le Café que les autres en avaient pour le condamner. Néanmoins un Musulman ayant été surpris chez lui sur le fait, fut châtié rigoureusement et promené sur un âne par les places publiques, par ignominie et pour servir d'exemple.

Mais la défense rigoureuse du gouverneur ne fut pas de longue durée. Le sultan Cansou ayant reçu sa dépêche, n'approuva pas son zèle indiscret : au contraire, il s'étonna fort qu'il eût osé faire condamner le Café à La Mecque, pendant que l'on s'en trouvait si bien au Caire ; qu'il y avait des docteurs plus capables que ceux de la Mecque de décider si les Musulmans devaient en user. Il lui manda donc de révoquer la défense qu'il avait fait publier, et, pour ce qui regardait les désordres, qu'il devait employer son autorité pour les empêcher, en lui marquant qu'il faudrait donc mettre au nombre des choses défendues, l'eau de la fontaine de Zemzem, si on la buvait d'une manière qui blessât la religion.

Cette fontaine ou puits de Zemzem, selon les Mahométans, est celle que Dieu fit paraître en faveur d'Agar et de son fils Ismaël, après qu'Abraham l'eut obligée de se retirer et d'emmener Ismaël avec elle. Elle est dans l'enceinte du temple de La Mecque ; et, de tous les Mahométans qui y vont en pèlerinage, il n'y en a pas un qui ne boive de son eau avec grande dévotion.

Ainsi Khaïr Beg eut le déplaisir d'avoir si mal réussi dans ce qu'il avait entrepris avec tant de hauteur. Le peuple de La Mecque eut même la satisfaction de se croire vengé de sa violence, en ce que, l'année suivante, son successeur étant arrivé avec l'ordre de lui faire rendre compte de ses extorsions, le fit mourir sous le bâton en l'obligeant de déclarer où était son argent, et son frère, pour éviter cette torture, le tua lui-même.

Les deux médecins persans qui avaient le plus contribué à la défense du Café, firent aussi une méchante fin. Comme ils virent qu'ils avaient perdu leur crédit à La Mecque et que l'on ne les regardait plus qu'avec mépris et indignation, ils jugèrent à propos de s'en bannir eux-mêmes, et ils se retirèrent au Caire. Quelque temps après, Sultan Selim, premier du nom, empereur des Turcs, étant arrivé en cette ville après avoir fait la conquête de l'Egypte, ils furent convaincus d'avoir fait des imprécations contre sa personne et mis à mort.

Depuis ce temps-là on a toujours pris le Café à La Mecque sans trouble, si ce n'est qu'en l'année 932 de l'hégire et l'an 1524 de J. C., un Cadi y fit fermer les maisons de Café à cause des désordres qui s'y commettaient, sans empêcher que les particuliers en prissent chez eux. Mais, après sa mort, elles furent ouvertes et publiques comme auparavant, et aucun Cadi après lui ne s'avisa ou n'eut occasion de suivre son exemple, à cause du bon ordre et de la modestie avec laquelle on s'y comportait.

Néanmoins, l'an 950 de l'hégire, à l'arrivée de la caravane des pèlerins de La Mecque qui venait de Damas, l'on y reçut un ordre du sultan Soliman, empereur des Turcs à Constantinople, de ne plus boire absolument de Café ; mais cet ordre n'eut lieu que pendant quelques jours, parce qu'on découvrit que ce sultan n'avait été porté à le donner que sur les plaintes d'une dame de Constantinople, qui s'était scandalisée sans raison de l'usage que l'on y faisait de cette boisson.

Pour cinq sous le café assouvit le désir.
Proverbe égyptien

Ce qui s'était passé à La Mecque au sujet du Café servit beaucoup pour en autoriser plus fortement l'usage au Caire, parce qu'à cette occasion, les docteurs de la loi de cette ville donnèrent leur sentiment par écrit, et prouvèrent par bonnes raisons que la condamnation était mal fondée et que ceux qui l'avaient faite étaient des ignorants.

L'an 930 de l'hégire et l'an 1523 de J. C., nonobstant tout ce qui s'était fait et écrit, un docteur scrupuleux s'avisa d'y réveiller la dispute ; il forma une question sur ce sujet qu'il adressa aux autres docteurs. Elle était conçue en ces termes : *Quel est votre sentiment touchant la boisson qu'on appelle Café, que l'on prend en compagnie dans la croyance qu'elle est du nombre de celles qu'il est libre de prendre, quoiqu'elle donne lieu à des désordres de grande importance, qu'elle donne dans la tête et qu'elle soit nuisible à la santé ? Est-elle permise ou défendue ?* Son sentiment qu'il mit au bas avec son seing, fut que cette boisson était défendue, après quoi il l'envoya aux autres docteurs ; mais ces docteurs se moquèrent de lui, parce qu'il était de notoriété publique que le Café ne causait pas les mauvais effets qu'il supposait, de sorte qu'il fut seul de son avis et qu'il ne donna point d'atteinte à l'usage qui était reçu.

L'an 941 de la même hégire et l'an 1534 de J. C., un prédicateur, prêchant dans une mosquée, eut l'imprudence de déclamer contre le Café, en disant qu'il était défendu par la loi, et que ceux qui en prenaient n'étaient pas de véritables Musulmans. A la sortie de sa prédication, ses auditeurs, poussés par un zèle outré, se jetèrent sur les premières maisons de Café qu'ils rencontrèrent, et, de leur autorité privée, ils ne se contentèrent pas de rompre et de briser les cafetières et les tasses, ils maltraitèrent encore outrageusement ceux qui y étaient assemblés.

Ce fut là le commencement d'une sédition qui partagea toute la ville, les uns disant que la loi défendait le Café, et les autres soutenant qu'elle ne le défendait pas ; mais elle fut apaisée par l'autorité et par la sagesse du Cadi en chef. Il assembla chez lui tous les docteurs, et leur dit que leurs suffrages étant nécessaires pour la sûreté des consciences et pour la tranquillité d'une aussi grande ville que le Caire, il les priait de les donner librement. Ils déclarèrent que la question avait déjà été examinée et décidée par les docteurs qui les avaient précédés, qu'ils n'avaient rien à dire au contraire, que le Café ne pouvait pas être défendu dans la religion mahométane, et qu'il fallait donner ordre à ce que les prédicateurs, la plupart ignorants, ne jetassent plus à l'avenir des scrupules dans les esprits faibles, sur ce sujet.

Le Cadi, qui était du même sentiment, fit aussitôt servir du Café à toute l'assemblée et il en prit lui-même, de sorte que l'exemple de ceux qui avaient le pouvoir de décider sur la matière confondit les ennemis du Café, rassura les scrupuleux et confirma les autres dans la liberté d'en prendre.

Quatre ans après, l'officier de police en chef, en faisant sa ronde de nuit, un jour du Ramazan, qui est le temps du jeûne des Mahométans, ayant trouvé des gens assemblés dans une maison de Café, il les arrêta, et les ayant envoyés en prison liés et garrottés, il ne les relâcha le lendemain qu'après leur avoir fait donner à chacun dix-sept coups de bâton sur la plante des pieds. Mais cette rigueur ne regardait pas le Café ; elle regardait ceux qui en prenaient publiquement avec scandale dans un temps de dévotion, et lorsqu'ils devaient être retirés chez eux dans leurs familles.

Ce sont là à peu près les persécutions que le Café eut à soutenir au Caire ; mais il fut le victorieux, et on l'y prit à la fin sans trouble, comme on l'y prend encore présentement. Ce fut une délicatesse de la religion mahométane qui apporta le plus d'obstacles à l'établissement de l'usage de cette boisson ; car, avec le temps, tout le monde convint que le Café n'enivrait pas, et, bien loin de s'en trouver mal, qu'il faisait du bien en plusieurs manières. Il y avait une seule chose que les plus scrupuleux ne pouvaient souffrir, et par laquelle ils prétendaient qu'on devait le désapprouver et le rejeter : c'est, disaient-ils, qu'on le prenait en compagnie et dans des assemblées, de la même manière qu'on buvait le vin ; mais on leur fermait la bouche en leur faisant voir par les traditions mahométanes que Mahomet avait bu du lait en compagnie, en la même forme que l'on prenait le Café ; cela étant, qu'il était permis d'en prendre pour s'entretenir agréablement et honnêtement avec les amis, à l'imitation de leur prophète.

A l'occasion du voisinage, le Café sortit de l'Egypte pour entrer en Syrie, où il ne trouva point d'obstacle pour se faire recevoir ; premièrement dans les grandes villes, comme Damas et Alep, et ensuite dans toutes les autres villes de cette grande province. De la Syrie enfin, sans passer de province en province, il fut apporté à droiture à Constantinople.

Ce n'est pas seulement l'historien turc, duquel je vous parlerai bientôt, qui en rend témoignage ; Belighi, poète de la même nation, qui vivait sous le règne d'Amurat, troisième du nom, le dit aussi fort agréablement en deux vers tirés d'une espèce de sonnet qu'il a composé sur le Café. Je vous les rapporterai en leurs propres termes avec leur explication, parce que je sais que vous êtes amateur de la langue turque :

Missir v Scham v Halebi ghezdi gheleyck Roumah : Aiagung aldi scherabung o gehan Fettani.

Il s'est promené au Caire, à Damas et à Halep, avant que de venir au pays de Roum, c. a. d. *à Constantinople, et le séditieux, qui jette le trouble dans tout le monde, y a supplanté le vin.*

Vous demeurerez d'accord que Belighi a eu raison de traiter le Café de séditieux, après vous avoir fait voir les troubles qu'il excita à La Mecque, et vous n'en disconviendrez pas après que je vous aurai fait le récit des désordres qu'il causa à Constantinople.

L'historien turc, duquel je vous ai parlé, qui rapporte ce que nous allons voir, touchant la manière dont le Café s'établit dans la capitale de l'empire ottoman, se nomme Pitchevili, de Pitchevi, ville de Hongrie, ainsi nommée par les Turcs, laquelle est, ce me semble, celle que nous appelons Cinq-Eglises, d'où il était natif. C'était le second des trois Desterdars, ou trésoriers généraux de l'Empire, et son histoire renferme celle de Sultan Soliman et de ses successeurs, jusqu'à la mort d'Amurat quatrième, qui reprit Bagdet sur les Persans. Voici donc ce que j'ai tiré de cette histoire.

Jusques à l'an 962 de l'hégire, qui commença le premier de novembre l'an 1554 de J. C., environ cent ans après Gemaleddin Dhabhan, l'on n'avait vu à Constantinople ni Café, ni lieu où l'on en vendît, et l'on n'y en avait presque entendu parler qu'à l'occasion de la dame qui s'était mis en tête de le faire défendre à La Mecque, et que sur le récit des pèlerins du temple de cette ville et de ceux qui avaient voyagé en Syrie ou en Egypte.

Cette année-là, sous le règne de Sultan Soliman un nommé Hekem et un autre nommé Sehems, venus de deux différentes villes de Syrie, le premier d'Alep, et celui-ci de Damas, ouvrirent à Constantinople chacun une maison de Café, dans un quartier que l'on appelle Takht alcalaah, et vulgairement Takhtacalah, et commencèrent à en débiter publiquement, en recevant le monde sur des sophas, c'est-à-dire sur des estrades fort propres.

Ces maisons, que les Turcs ont appelées en leur langue *Cahveh Khaneh*, maisons de Café, furent d'abord fréquentées par des gens d'étude, lesquels y allaient passer quelques heures de temps avec leurs amis, et il s'y formait des cercles de vingt à trente personnes, qui s'entretenaient agréablement en prenant le Café. Quand la conversation venait à tomber, on lisait quelque livre, ou bien, comme les poètes qui s'y trouvaient aussi étaient en grand nombre en ce temps-là, l'on récitait les poésies les plus nouvelles que l'on examinait en les approuvant, ou en les critiquant quelquefois avec chaleur, pendant que d'autres jouaient aux échecs, et d'autres au trictrac, à la manière du Levant, où l'on se contente d'abattre des dames et de faire des pleins.

Cela fut trouvé très-commode dans un pays où l'on n'était pas accoutumé à recevoir des visites fréquentes, et où jusqu'alors l'on n'avait pas eu de rendez-vous dont l'entrée et la sortie fussent libres, sans contrainte et sans cérémonie. L'on avait aussi par ce moyen l'avantage de pouvoir régaler ses amis à peu de frais ; car la tasse de Café ne coûtait qu'un aspre, petite monnaie d'argent de la valeur d'environ deux liards. De plus, l'on avait lieu de faire amitié avec de fort honnêtes gens que l'on n'aurait peut-être jamais connus sans une pareille rencontre.

Noir comme le diable, chaud comme l'enfer, pur comme un ange, et doux comme l'amour.
Proverbe turc, attribué aussi à Talleyrand

Ces assemblées se tinrent à petit bruit dans les commencements ; mais elles se firent connaître peu à peu, et la nouveauté, la curiosité, l'oisiveté y attirèrent insensiblement des jeunes gens près d'achever leurs études et d'entrer dans les charges de judicature, des Cadis hors de charge qui étaient à Constantinople pour solliciter leur rétablissement, ou pour demander de nouveaux emplois ; des Muderris, ou professeurs, qui venaient s'y délasser l'esprit, et plusieurs autres, lesquels, vivant de leur revenu, trouvaient beaucoup plus de plaisir dans ces compagnies qu'à demeurer seuls chez eux sans occupation. Enfin, elles furent dans une réputation si grande que l'on y vit aller non-seulement les bas officiers, mais encore les Pachas et les principaux seigneurs de la Porte, et ce fut à cette occasion que les maisons de Café se multiplièrent en grand nombre dans plusieurs quartiers de cette grande ville.

Le Café paraissait bien établi et autorisé à Constantinople, lorsque tout d'un coup une furieuse tempête, s'élevant contre cette boisson, pensa en abolir entièrement l'usage. En effet, de même qu'il était déjà arrivé à La Mecque et au Caire, l'on en fit une grande affaire dans laquelle on intéressa fortement la religion mahométane, mais sous des prétextes un peu différents de ceux dont on s'était servi en Arabie et en Egypte.

Pendant que les maisons de Café étaient remplies de monde, les mosquées se trouvaient vides pendant les temps de la prière, ce qui obligea les Imans et les officiers subalternes des mêmes mosquées, d'en faire grand bruit. Les Sofis, ou Derviches, et les dévots de profession du musulmanisme en murmurèrent hautement. Mais ceux qui firent les plus grands efforts pour détruire le sujet de ce désordre, furent les prédicateurs, lesquels indignés de voir leurs auditoires peu fréquentés se déchaînèrent terriblement, non-seulement contre l'abus et contre le dérèglement qui s'était introduit, mais encore contre le Café même qui en était la cause, soutenant que c'était une boisson défendue absolument par la loi mahométane, mais sans en alléguer aucune bonne raison, Ils allèrent même jusqu'à cette extrémité que d'avancer, qu'il était plus pardonnable d'aller au cabaret que de fréquenter les maisons de Café.

Après que les prédicateurs eurent beaucoup déclamé dans les chaires de Constantinople, voyant qu'ils se fatiguaient inutilement et qu'on les laissait prêcher sans se mettre en peine de suivre leur avis, ils s'unirent tous ensemble pour faire condamner le Café.

Le prétexte qu'ils prirent pour arriver à leur fin, fut que le Café était une espèce de charbon et que tout ce qui avait rapport au charbon était défendu par la loi : ils voulaient parler de la fève du Café que l'on fait rôtir, et que l'on fait ensuite bouillir après l'avoir réduite en poudre. Ils formèrent une demande, savoir : si la loi mahométane permettait l'usage d'une boisson faite avec du charbon, telle qu'était la boisson du Café ; et, l'ayant mise par écrit, ils la présentèrent au Muphti, afin qu'il décidât la question suivant le devoir de sa charge.

Suivant la loi mahométane, il était indubitable qu'une boisson faite avec le charbon était défendue. La raison en était évidente, parce que, selon l'Alcoran, le charbon ne peut pas être mis au nombre des choses que Dieu a créées pour la nourriture de l'homme. Il s'agissait donc de savoir si le Café était véritablement du charbon, ou s'il y avait quelque rapport. Mais le Muphti ne se donna pas la peine de résoudre cette difficulté, et il donna un *Ferfa*, c'est-à-dire une décision conforme à l'intention des prédicateurs, par laquelle il prononça que le Café était défendu suivant la loi de Mahomet.

Une tasse de café entraîne quarante ans d'amitié.
Proverbe turc

Les prédicateurs obtinrent ce qu'ils avaient demandé, et sur cette décision du Muphti, qu'il n'était pas permis de révoquer en doute, toutes les maisons de Café furent fermées aussitôt, et les officiers de police eurent ordre de tenir la main. à ce que l'on ne prît plus de Café, ni en public, ni en particulier.

Mais, nonobstant la rigueur avec laquelle cette défense fut exécutée, bien des gens ne laissèrent pas que de prendre du Café en cachette, ne pouvant se persuader que la religion défendait une boisson qui était si utile. Le nombre de ceux qui les imitaient s'augmentant tous les jours, la défense fut renouvelée sous le règne d'Amurat troisième, et l'on menaça de peines très rigoureuses ceux qui y contreviendraient.

Cependant, comme il est assez ordinaire de se raidir contre les défenses, particulièrement dans les choses qui ne font tort à personne, l'on continua de prendre du Café. Enfin les officiers de police, voyant que toute leur diligence ne pouvait arrêter le torrent, se laissèrent gagner par argent, et ils permirent d'en vendre, pourvu que ce ne fût pas publiquement. Ainsi l'on en allait prendre en de certains lieux, la porte fermée, ou chez de certains marchands qui en débitaient derrière leurs boutiques.

Le Café se rétablit successivement par le moyen de cette tolérance, et un autre Muphti, mieux informé que celui qui l'avait condamné et qui avait sans doute connaissance de ce qui s'était passé à son sujet, à La Mecque et au Caire, déclara qu'on ne devait pas le regarder comme du charbon, et que c'était une boisson, laquelle constamment n'était pas comprise dans les choses défendues par la loi.

Après cette déclaration authentique, les dévots et les prédicateurs, cessant de décrier le Café et de blâmer ceux qui en prenaient, en prirent eux-mêmes, ainsi que le Muphti et les docteurs de la loi. A la fin, tout le monde en prit à Constantinople, depuis le Grand-Seigneur jusqu'aux plus petits de la ville.

Les Grands-Visirs se firent même, dans la suite, un grand revenu à cette occasion. Car, s'étant attribué l'autorité sur les maisons de Café, ils en établirent eux-mêmes un grand nombre qui leur rendaient par jour un ou deux sequins ; le sequin, qui est une monnaie d'or, valant sept livres de notre monnaie. De là l'on peut juger de la quantité de Café que l'on prenait, puisque l'on ne payait toujours qu'un aspre pour chaque tasse. Depuis ce temps-là jusqu'à présent, le prix n'en a point augmenté.

Ce sont là les particularités que Pitchevili nous apprend, touchant l'établissement du Café à Constantinople, depuis le commencement jusqu'au temps auquel il écrivait son histoire. Il s'y est toujours si bien maintenu et fortifié qu'il n'y a pas d'apparence que jamais il puisse être aboli.

Néanmoins il y eut un changement à l'égard des maisons de Café : elles furent toutes supprimées pendant la guerre de Candie ; mais le Café n'y eut aucune part : sa bonté et son utilité étaient connues, et l'on ne songeait plus à en empêcher l'usage. Ce fut seulement à cause des nouvellistes qui s'y assemblaient et qui parlaient trop librement des affaires.

Le Grand-Visir Kupruli, père des deux frères du même nom, illustres par la même dignité, fit lui-même cette suppression, sous la minorité de Mahomet quatrième, avec un désintéressement héréditaire dans sa famille, sans avoir égard à la perte du gros revenu qu'il en retirait. Lui et la sultane, mère du jeune prince, ayant alors toute l'autorité en main, il était infatigable dans les soins qu'il prenait pour contenir les esprits remuants dans leur devoir, et, en agissant par lui-même, il se déguisait souvent pour être mieux informé de toutes choses. Il alla donc sans être connu dans les premiers lieux où il trouva des gens graves, lesquels s'entretenaient sérieusement sur les affaires de l'Empire, et qui n'approuvaient presque rien des mesures que l'on prenait pour leur administration, mais décidaient eux-mêmes ce qu'il fallait faire comme s'ils eussent été dans le divan. Pour ôter à ces critiques dangereux l'occasion de se mêler des choses qui ne les regardaient point, il n'hésita pas à faire fermer toutes les maisons de Café.

Mais, quoique le vin fût défendu par la loi et par la religion mahométane, néanmoins ce ministre ne voulut pas y toucher, parce qu'il n'y avait trouvé que des gens qui se réjouissaient, qui chantaient ou s'entretenaient de leurs amours ou de leur bravoure, et que la plupart étaient soldats : il valait mieux leur laisser cette liberté, que de leur donner lieu de s'attrouper et de se mutiner. Je tiens ces particularités de M. d'Hermange, aujourd'hui médecin de M. le comte de Toulouse, et ci-devant du dernier Grand-Visir Kupruli, tué à la bataille de Salankemen, lequel assure qu'il les a souvent entendu dire dans la maison de ce ministre.

Cette suppression continue encore aujourd'hui, et le Café, que l'on vend publiquement à Constantinople, est porté dans les marchés et par les rues les plus fréquentées, dans de grandes cafetières avec du feu par dessous, et on le distribue dans des tasses à tous ceux qui en veulent. Il n'y a pas de honte à le prendre publiquement, et l'on s'assit pour cela à la première boutique qui se présente, dont le maître ne refuse point la place.

Il n'y avait de mon temps que deux à trois maisons de Café à Galara, que l'on tolérait pour la commodité des matelots, la plupart grecs, qui y fumaient aussi en prenant le Café. Elles ne sont pas supprimées dans les autres villes de l'Empire ottoman, parce que ces villes n'étant pas aussi grandes ni aussi peuplées que Constantinople, l'on n'a pas eu le même sujet d'y craindre le danger à l'occasion des nouvellistes.

S'il n'y a plus de maisons de Café à Constantinople, l'on n'y prend pas pour cela moins de Café que lorsqu'elles subsistaient. Au contraire, l'on peut dire que leur suppression fait que l'on y en prend davantage. Il n'y a ni maison, ni famille, depuis la plus aisée jusqu'à la plus pauvre, non-seulement parmi les Turcs, mais encore parmi les Grecs, parmi les Arméniens et parmi les Juifs, nations qui y sont toutes très-nombreuses, où l'on n'en prenne régulièrement au moins deux fois par jour, le matin et l'après-dîner, sur les trois ou quatre heures après midi. Les Turcs qui font un repas de bon matin, le prennent immédiatement après, et ils appellent ce repas *Alti Cahveh*, le Café du matin. Les autres nations qui ne font pas de repas de si bonne heure, le prennent avec une croûte de pain, ou avec de petits biscuits sucrés faits exprès, ou mangent quelqu'autre chose en le prenant, étant persuadés qu'il émeut la bile quand on le prend à jeun.

Outre que l'on prend régulièrement le Café deux fois par jour, l'on en prend encore presqu'à toute heure, l'usage étant d'en présenter à tous ceux qui viennent dans les maisons, amis et autres. Ainsi l'on n'en prend pas seulement chez soi, mais encore dans tous les endroits où l'on se rencontre ; car, comme on le présente par civilité, ce serait une incivilité de le refuser, et c'en serait aussi une autre de n'en pas présenter. Cela fait qu'il y a une infinité de gens qui prennent plus de vingt tasses de Café par jour.

Ce qu'il y a d'admirable dans la quantité que l'on en prend, c'est qu'il arrive très-rarement que l'on s'en trouve incommodé, privilège que le Café a par-dessus toutes les autres boissons, même les plus exquises. Je le trouve encore plus admirable en ce qu'il lie d'un lien plus étroit les hommes nés pour la société, que toute autre chose que l'on puisse s'imaginer ; qu'il donne lieu à des protestations d'amitié, d'autant plus sincères qu'elles sont faites avec un esprit qui n'est pas obscurci de fumées, mais clair et net, et qu'on ne les oublie pas aisément, ce qui n'arrive que trop souvent lorsqu'on les fait dans le vin.

Ce serait ici le lieu de m'étendre sur les propriétés du Café. Mais j'en ai déjà remarqué quelques-unes en passant, et d'ailleurs je ne ferais que redire ce qui est connu de tout le monde et ce qui a été dit avant moi. Ce que je viens de dire touchant la quantité de Café qui se consomme à Constantinople, me fait souvenir de vous parler de la dépense que l'on y fait.

Il semble que c'est peu de chose qu'une tasse de Café ; cependant, quoique chaque tasse ne revienne pas à deux liards dans les maisons, la dépense s'en trouve fort grande au bout de l'année, et, famille pour famille et maison pour maison, il y en a très-peu à Constantinople, où l'on ne dépense pour le moins autant en Café que l'on dépense ici en vin. Cette comparaison du Café avec le vin est plus juste qu'on ne le croirait ; car, de même que l'on donne ici de l'argent pour boire à ceux qui ont rendu quelque service, l'on donne aussi à Constantinople et ailleurs, dans le Levant, *Cahveh akeghebsi*, c'est-à-dire l'argent du Café.

L'on apporte d'Egypte à Constantinople, par mer, tout le Café qui s'y consomme, et il est transporté en Egypte, par la mer Rouge, de l'Arabie heureuse et de l'Ethiopie où l'arbre du Café, qui est d'un si grand revenu, se cultive et se multiplie avec grand soin.

Nonobstant la grande quantité de Café qu'on apporte tous les ans à cette grande ville, l'on n'en fait pas provision pour plus de trois à quatre jours, afin d'en avoir toujours de frais, et on l'achète pour cela de ceux qui se sont fait un métier de le rôtir et de le piler dans de grands mortiers, ou de ceux qui le vendent tous les jours par les rues. Ceux-ci le distribuent dans de petits sacs de papier de différentes grandeurs, suivant la quantité qu'on en veut acheter, ou suivant l'argent que l'on a à y mettre, pour la commodité de ceux qui n'ont pas de quoi en acheter beaucoup à la fois ; car, quelque pauvre que soit un père de famille, il faut qu'il donne chaque jour à sa femme et à ses enfants leur portion de Café, et particulièrement à sa femme, qui le regarderait de mauvais œil si elle en manquait.

Les voyageurs font aussi provision de Café, et, pour le conserver plus long-temps, ils le mettent dans des bourses de cuir longues et étroites, parce que cette forme est la plus commode pour n'être pas embarrassante dans leurs coffres, qui sont des panniers garnis de cuir, légers et propres pour le transport. Pour ce qui est des tasses, ils les mettent dans un étui de bois fort propre, couvert de maroquin rouge ; et afin qu'elles ne se cassent pas, ils mettent entre chacune du feutre, qui prend aisément la forme de la tasse.

Ceux qui font profession de piler ou de broyer le Café, comme je l'ai marqué, ont leur rang parmi les artisans de Constantinople, et ils sont obligés de suivre les armées de sa Hautesse en campagne, afin que l'on n'y manque pas de Café, qui est maintenant au rang des provisions dont l'on ne peut se passer en Turquie. Mais si les moulins à broyer la fève rôtie du Café, dont on se sert si utilement à Paris, s'introduisaient une fois à Constantinople, il y a fort à craindre que le nombre de ces artisans n'y diminue, ou plutôt qu'ils ne soient contraints à chercher un autre métier pour vivre ; car des particuliers en voudront avoir chez eux, et l'on n'aura plus besoin de ces gens-là.

Parlons présentement de la manière dont on prépare le Café à Constantinople, particulièrement dans les grandes maisons. Il y a un officier particulier qui n'a point d'autre emploi que celui de le faire cuire. C'est ainsi que les Turcs s'expriment en parlant de sa préparation. Je vous ferai remarquer à cette occasion qu'ils lisent aussi en leur langue boire le Café, et non pas prendre le Café, comme nous le disons, et ils se servent du mot *d'itchmeck*, qui signifie boire de l'eau, du vin et toutes sortes de liqueurs. En voici un témoignage de Belighi au même endroit que j'ai déjà cité.

Cathâ demdur annung-ileh dimegnuz, dem olmaz :

Kiassch, Kiaffeh ilchelum nolsah gherektur ani.

Que l'on ne dise pas qu'il y a des temps où l'on doit s'en passer, il n'y en a pas. Quoiqu'il en soit, il faut que nous le buvions tasse sur tasse.

Pour revenir à l'officier qui prépare le Café, il a pour ce sujet une chambre particulière, voisine ordinairement de la chambre ou de la salle où l'on reçoit le monde, et il ne se mêle pas de le présenter ; ce sont des Itchoglans, ordinairement bien faits et proprement vêtus, qui font cette fonction.

Les Itchoglans, à proprement parler, sont des valets de chambre, et leur nom le marque assez ; car le mot d'Itchoglans signifie garçon du dedans, et ce nom est particulièrement destiné pour signifier les jeunes gens élevés en très-grand nombre dans le sérail et divisés en plusieurs chambres. A l'imitation du Grand-

Seigneur, les Visirs, les Pachas, et autres seigneurs et officiers de la Porte, en ont aussi plusieurs qu'ils se font un grand point d'honneur d'élever et d'entretenir. L'on pourrait dire aussi que ce sont des pages ; mais il y a en Turquie beaucoup plus de gens qui ont des Itchoglans, qu'il n'y en a ici qui ont des pages. Il y aurait encore d'autres choses à dire touchant ces Itchoglans du Grand Seigneur et les autres ; mais en voilà assez pour vous rendre cet endroit de ma lettre intelligible.

Ces Itchoglans sont debout dans la chambre où est leur maître avec la compagnie, demeurant modestement dans une même place, les mains croisées devant eux. Lorsqu'ils voient qu'il est temps de présenter le Café, ou que leur maître, sur lequel ils ont toujours les yeux attachés leur fait signe du coin de l'œil, car il ne leur parle pas, ils partent et vont le prendre de la main de l'officier.

D'abord que le Café est versé, ils l'apportent de la main droite sur une soucoupe sans pied, ordinairement de bois peint et vernissé, et quelquefois d'argent. Les tasses sont de porcelaine, une fois moins grandes que celles dont on se sert communément ici. Afin que le Café ne perde point sa chaleur, ils le présentent d'abord à chacun de la compagnie, en commençant par celui qui est à la place la plus honorable, et ainsi de suite. Car l'on est assis l'un à côté de l'autre, suivant la disposition du sopha ou de l'estrade. Ce sont deux Itchoglans qui le présentent lorsque la compagnie est grande, particulièrement lorsqu'elle est à la gauche et à la droite du maître, et le maître ne prend sa tasse qu'après que chacun a pris la sienne.

Néanmoins je vous ferai remarquer que, dans les audiences que donnent le Grand-Visir et les autres officiers de la Porte, deux Itchoglans donnent en même temps le Café, l'un à celui qui donne audience, et l'autre à celui qui la reçoit ; et d'autres Itchoglans en distribuent aux officiers qui accompagnent le Grand-Visir et aux officiers de l'ambassadeur qui sont debout autour de lui.

Quand l'Itchoglan a présenté le Café, il se retire au bas du sopha, et à mesure que ceux qui prennent le Café ont achevé, il s'approche d'eux et leur présente la soucoupe sur laquelle ils posent leur tasse, et de la main gauche il leur présente une serviette de toile très-fine, brodée d'or, d'argent ou de soie, ou des trois tout à la fois, dont ils s'essuient la bouche. Il y a de ces soucoupes qui tiennent quinze et vingt tasses, et l'Itchoglan serait repris s'il n'en apportait pas autant qu'il y a de personnes dans la compagnie.

Lorsque ces personnes sont d'un rang très-distingué avant que de présenter le Café, un autre Itchoglan, ou plusieurs, si le nombre des personnes est grand, étend sur les genoux de celui qui veut boire et sur les genoux de son maître, une pièce de satin brodé en forme de serviette, plutôt par cérémonie qu'afin qu'il ne tombe point de Café sur les habits : car les tasses ne sont jamais pleines jusqu'aux bords, non-seulement afin qu'on ne répande point de Café, mais encore afin que le Café, étant presque bouillant, on puisse le tenir sans se brûler, avec le pouce par-dessous et les deux premiers doigts sur les bords. C'est la manière la plus ordinaire de les tenir.

Quoique l'on serve aux Turcs le Café aussi chaud que je l'ai dit, néanmoins ils le prennent d'abord à plusieurs reprises, peu à la fois, quelques-uns portant la tasse aux yeux pour recevoir la fumée qu'ils croient être bonne pour la vue.

Le café, pour l'amateur que je suis, c'est la clé du jour. […] Il est aube, vierge et silencieuse.
Mahmoud Darwich, *Une mémoire pour l'oubli*, 1987.

Ils le prennent ainsi sans le laisser refroidir, parce que, selon eux, plus on le prend chaud, plus il est bon et plus il fait de bien. Ainsi ils ne se servent pas de cuillers comme l'on fait ici. En effet, elles ne sont pas nécessaires, puisqu'ils n'y mettent pas de sucre ordinairement ; mais, quand ils en mettraient, elles ne seraient pas nécessaires : car, si l'on met le sucre le premier, le Café étant fort chaud le fait fondre aussitôt en le versant dessus ; et, quand il reste du sucre au fond de la tasse, c'est que l'on en a trop mis, le Café n'en pouvant dissoudre que la quantité qui lui est proportionnée.

Chacun a son goût ; mais je me trouve bien de celui des Turcs et des autres Orientaux, qui le prennent aussi chaud qu'on peut le prendre, et je doute qu'en cela mon goût doive le céder aux autres. Sans en chercher d'autres raisons, après l'exemple de ceux qui nous ont appris à le prendre, il est certain que le Café bien chaud fait tout un autre effet que le Café qui n'est que tiède.

Il y a des Turcs qui tiennent leurs tasses dans de petits vases d'argent qui environnent seulement le bas de la tasse ; mais il n'y a que les plus délicats et les plus riches qui s'en servent. Je vous dirai aussi que les Turcs appellent une tasse du mot de *fingian*, et que les Français qui sont au Levant en ont fait un mot de notre langue et disent un *fingian* de Café ; prendre un fingian de Café.

Les Turcs ne prennent pas seulement le Café fort chaud, ils le prennent encore généralement très-fort de Café, et ils l'appellent *aghir cahveh*, du Café pesant, c'est-à-dire fort chargé de Café. Ils ne cherchent pas à adoucir avec du sucre l'amertume que les autres y trouvent. Ce sont les chrétiens de Constantinople, et après eux les autres Européens, qui se sont avisés de l'adoucir ainsi.

Quelques-uns mettent dans chaque tasse de Café une très-petite goutte d'essence d'ambre ; mais cela se fait au plus dans le sérail et chez les plus grands seigneurs. D'autres, selon la quantité du Café, le font bouillir avec un ou deux clous de girofle rompus en deux ; d'autres, avec fort peu d'anis des Indes, que les Turcs appellent *badian hindi* ; et d'autres, avec du cacoulch, qui est la graine du *Cardamomum minus*.

Vous savez le goût que ces deux graines donnent au Café. J'eus l'honneur de vous en présenter lorsque j'en fis venir de Constantinople ; mais vous avez découvert à Paris de la graine de *Cardamomum minus*, chez un épicier. Pour ce qui est de l'anis des Indes, feu M. De La Vauguion en avait apporté d'Espagne au retour de son ambassade ; mais il le prenait de la manière que l'on prend le thé, et je n'ai pas ouï dire qu'il en mît dans le Café.

Pour finir ma lettre, je ne veux pas oublier que j'ai vu à Constantinople, non pas l'arbre, mais des rejetons de l'arbre du Café. Un Turc avait pris soin de l'élever et de le cultiver ; mais, un grand hiver l'ayant gelé, il avait été obligé de le couper par le pied, et ce fut en cet état que je le vis. Ses feuilles, qui sont vertes toute l'année, ressemblent assez à celles du laurier par leur forme, hormis qu'elles ne sont pas aussi pointues ; mais elles sont plus épaisses et d'un vert plus foncé. Le Turc m'assura qu'il avait porté du fruit avant qu'il eût été contraint de le couper. M. De Nointel l'a fait peindre dans un tableau qui doit être à Paris, en quelque endroit où il n'est peut-être pas connu. Prosper Alpinus, qui l'a vu au Caire, en fait à peu près la même description dans son livre des plantes d'Egypte.

Voilà, Monsieur, tout ce que je puis vous dire de l'origine et du progrès du Café au Levant et à Constantinople, d'où il s'est répandu dans tout l'empire

Ottoman. Il n'a été reçu en France et à Paris que fort tard, comme vous le savez, et l'on sera bien aise de savoir un jour en quel temps et de quelle façon il s'y est introduit.

J'ai entendu dire à feu M. De La Croix, interprète en langue turque, que M. Thévenot, le voyageur en Levant, neveu de M. Thévenot mort il y a trois ans passés, a été le premier qui en a apporté à Paris pour son usage, au retour de son premier voyage, et qu'il en régalait souvent ses amis, du nombre desquels il était ; et qu'en son particulier, il avait presque toujours continué d'en prendre depuis ce temps-là. Des Arméniens en apportèrent ensuite et le mirent peu à peu dans la réputation où il est présentement.

J'aurai tout sujet d'être content de ma lettre, si elle a le bonheur de vous plaire et de vous donner la satisfaction que vous avez attendue de moi.

Je suis avec beaucoup de passion et de tout mon cœur,

MONSIEUR,

Votre très-humble et très-obéissant serviteur,

Signé GALLAND.

A Paris, ce 23 décembre 1696.

LE CAFÉ

Le caféier, arbuste qui atteint parfois jusqu'à sept mètres de hauteur, parait originaire de l'Abyssinie, du Soudan et de toute l'Afrique Equatoriale d'où il aurait été transporté au XVme ou au XVIme siècle dans l'Yémen, aux environs de Moka. De là, sa culture s'est progressivement étendue aux Indes, à Bourbon, à la Réunion, puis aux Antilles, au Brésil, à Java, au Gabon. Il lui faut une température ne dépassant pas 30 degrés et ne descendant pas au-dessous de 10.

La question de la découverte du Café est très obscure. Une légende dit qu'un berger ayant constaté que ses chèvres sautaient joyeusement lorsqu'elles broutaient les fruits de certains arbustes, en informa le Prieur d'un couvent.

Celui-ci ayant fait bouillir ces fruits dans l'eau et ayant remarqué que cette boisson éloignait le sommeil, en ordonna à ses moines pour les empêcher de dormir aux offices de nuit.

Ce qui est certain, c'est que Razès, médecin arabe du IXme siècle, en fait mention et indique quelques-unes de ses propriétés. Importé de Perse à Aden par Gemal-Eddin vers 1420, il n'arrive à Constantinople qu'en 1550. Les ambassadeurs de la Sublime-Porte l'introduisirent en France près de cent ans plus tard; et c'est Louis XIV, à qui il fut offert, qui en but pour la première fois en 1644. L'usage s'en répandit bientôt en Italie, puis en Angleterre.

Les Hollandais, ayant planté le caféier à Java, firent don de trois pieds au Jardin des Plantes de Paris. Louis XIV les remit au capitaine Desclieux, le chargeant de les porter à la Martinique pour en tenter la culture. Deux pieds périrent pendant la traversée. Le troisième résista grâce aux soins du capitaine qui partagea avec lui sa maigre ration d'eau. Ce pied unique fut l'origine des immenses plantations des Antilles.

Le Café est un arbrisseau toujours vert. Ses feuilles ressemblent à celles du laurier: il produit des fruits qui, mûrs, sont rouges comme des cerises: chaque fruit contient deux noyaux qui sont les grains de café. Ses fleurs ressemblent à celles du jasmin blanc et ont une odeur délicieuse. Le même arbre portant à la fois fleurs et fruits, la récolte se fait pour ainsi dire d'une manière continue, mais surtout en Mai. Les plus beaux fruits, cueillis à la main dès qu'ils sont rouges, sont disposés sur des claies et mis à sécher sous des hangars. Pour le reste, en secouant les plants, on provoque la chute des fruits mûrs sur des nattes. De toutes façons, ces fruits sont décortiqués par des moulins. — Alexandre Dumas rapporte en plaisantant qu'à Moka, lieu de production du café le plus estimé, on fait trois parts des grains: ceux qui se détachent d'eux-mêmes de la tige sont réservés aux sultans et sultanes; ceux qu'on fait tomber en secouant les plants sont destinés aux ministres et aux pachas; le reste qui est chétif et bon pour des goujats, nous est expédié!

En Turquie, le café est torréfié dans des poêles. En France, nous le grillons dans des brûloirs. On arrête l'opération quand les grains prennent une teinte rousse. On les laisse refroidir sur une plaque de marbre, puis on les enferme dans des vases bien bouchés. On doit avoir bien soin de griller à part chaque espèce de café: le Bourbon, le Martinique et le Moka, par exemple, qui composent le mélange le plus apprécié.

En Orient, le café est pilé dans des mortiers de marbre et réduit en poudre imperceptible: par ce mode, le café garde tout son arôme et perd ses principes excitants. La poudre ne se sépare pas de l'infusion: on boit tout. En France, nous nous servons de moulins, instruments beaucoup plus expéditifs, mais imparfaits qui donnent une poudre grossière qu'on est obligé de séparer. De ce fait également, d'arôme moins fin, il demeure excitant au point qu'il serait mauvais d'en user autant qu'en Orient.

L'infusion, suivant nos usages, doit se faire dans une cafetière-filtre en porcelaine et non en fer blanc. Ne pas tasser la poudre et verser dessus, par petites quantités à la fois, de l'eau bouillante. C'est simple comme bonjour, mais ça n'empêche pas des milliers de personnes de procéder autrement et de confectionner, à la place de café, un jus inqualifiable.

On fraude sur le café en le torréfiant avec du sucre et de la mélasse, ce qui augmente son poids. On fait même du café artificiel en donnant, à l'aide d'un moule, la forme des grains à une pâte composée avec de la chicorée, du marc de café et de la colle forte! Il est très difficile dans ce cas de reconnaître la fraude; aussi les tribunaux condamnent-ils sévèrement les falsificateurs.

Si vous achetez du café moulu et que vous y soupçonniez un mélange de chicorée, jetez-en quelques pincées dans de l'eau. Si le café est pur, il surnage. S'il y a de la chicorée, celle-ci tombe au fond du vase en colorant l'eau en jaune. Le mieux est encore d'acheter de bons cafés en grains, et de les moudre soi-même. Après cela, ceux qui aiment la chicorée — et il en est d'excellente — n'ont qu'à faire l'addition eux-mêmes.

Le café est une boisson excitante et stimulante. « C'est la source de la vie » disent les Orientaux. Certains lui reprochent pourtant d'être un poison lent. Le littérateur Fontenelle, qui fut centenaire, à qui on tenait ce propos, répondit: « Bien lent, en effet, car j'en bois plusieurs tasses par jour depuis plus de 80 ans. » En médecine, on emploie la *Caféine*, alcaloïde extrait du café en 1820 par Runge, comme un tonique stimulant du cœur.

Toutefois, pris à doses exagérées, le café serait nuisible. L'abus énerve, cause des troubles fonctionnels du cœur et ralentit la nutrition. On objecte qu'on voit les Turcs en consommer impunément — car ne dit-on pas fort comme un Turc — jusqu'à vingt tasses par jour. C'est le climat et surtout le mode de préparation qui le leur permettent. Les gens nerveux doivent presque s'en abstenir. On doit l'interdire aux *enfants* et le recommander, au contraire, aux vieillards.

A la campagne, le dimanche, et plus souvent dans les villes, le café n'est trop fréquemment que prétexte à *rincette* ou *pousse-café*: autrement dit, l'addition d'alcool, dont il faudrait se passer, mais qui dans tous les cas ne devrait être qu'accessoire, constitue le principal. Qu'on prenne garde à ce café-là! Quant au café au lait, si habituel pour les petits repas, c'est un aliment excellent, même s'il est mélangé de chicorée, à condition que celle-ci soit de bonne qualité et en proportion raisonnable.

Les diseuses de bonne aventure ont recours au marc de café pour exercer leur profession d'attrape-nigauds. Elles versent le marc sur une assiette et interprètent la destinée suivant les dessins qu'il forme en se répandant sur l'émail: vous entendez bien que la seule vraie signification de ces dessins est qu'il se trouve une dupe qui se laisse berner et refaire du prix de la consultation.

Si l'on boit généralement de bon café en Turquie, il y a cependant des exceptions. Ainsi, lorsqu'un grand-vizir ou un pacha, par exemple, disparaît subitement, on dit qu'on lui a fait boire « *le mauvais café* ». En France, nous n'en consommons pas toujours d'excellent; mais, au moins, s'il fait faire parfois, comme on dit, *la grimace*, ce n'est jamais la dernière.

A M. GALLAND, SUR SON TRAITÉ DU CAFÉ.

Ce que tu nous apprends d'une boisson divine,
Dont tu décris si bien les vertus, l'origine,
Et le progrès divers qu'à Byzance elle a fait,
Nous offre une lecture agréable, savante,
Et dont l'esprit est aussi satisfait
Que les sens le sont en effet
De cette boisson excellente,
Que l'illustre Cramaille à ses amis présente.

DE MAUMENET.

CHANSON QUI A ÉTÉ MISE EN MUSIQUE.

Ami, si le sommeil vient au milieu des pots
Répandre ses pavots,
Et qu'un vin trop fumeux te brouille la cervelle,
Prends du Café, ce jus divin,
Pour chasser le sommeil et les vapeurs du vin,
Saura te redonner une vigueur nouvelle.

PAR LE MÊME.

La Magnifique Audiance,
Donnée le 5. Decembre 1669. a S. Germain en Laye
Par Le ROY, tres Chrestien.
A Soliman Aga Musta-Feraga.
Enuoyé du Grand Seigneur.
le Potre

FRAGMENTS

SUR LE CAFÉ,

Extraits du Dictionnaire d'Histoire naturelle.

Le Café avait commencé à être en crédit à Constantinople, sous le règne de Soliman-le-Grand, l'an 1554. Ce fut environ un siècle après qu'on l'adopta à Londres et à Paris ; mais son introduction en Angleterre éprouva, sous Charles II, les mêmes difficultés qu'elle avait éprouvées en Turquie, sous Amurat et Mahomet. On trouva que les Cafés devenaient des assemblées trop considérables, et on les supprima en 1675 comme des séminaires de sédition.

On fut plus modéré en France. L'établissement de ces lieux publics s'y fit et s'y maintint paisiblement. En 1669, Soliman Aga, qui demeura à Paris pendant un an, fit goûter du Café à un grand nombre de personnes, qui, après son départ, continuèrent à en faire usage. La première salle de Café publique fut construite à la foire St.-Germain, par un Arménien, en 1672. Depuis, il s'établit sur le quai de l'Ecole, où l'on voit encore une boutique au coin de la rue de la Monnaie ; la salle n'était fréquentée que par des chevaliers de Malte et par des étrangers. Ayant quitté Paris pour aller à Londres, il eut plusieurs successeurs. Une tasse de Café se vendait à cette époque deux sous six deniers. Enfin un certain Etienne, d'Alep, construisit le premier, à Paris, une salle décorée avec des glaces et des tables de marbre ; elle était dans la rue St.-André-des-Arts, vis-à-vis le pont St.-Michel.

Un peuple, naturellement vif et léger, dut adopter bien vite l'usage d'une boisson qui était si propre à entretenir sa gaîté ordinaire. Elle fut d'abord un objet de fantaisie ou de luxe, et elle ne tarda pas à devenir un besoin, surtout pour les riches. Le goût s'en répandit de proche en proche dans toutes les conditions et dans tous les pays. Les habitants du Nord s'y accoutumèrent ; ils préférèrent cette boisson à leurs liqueurs. Enfin toute l'Europe prit du Café. Il était impossible qu'un goût, devenu si général, ne donnât point aux Européens le désir de posséder l'arbre qui produisait cette graine précieuse. Les puissances maritimes de cette partie du monde avaient des colonies placées entre les tropiques ; elles songèrent à y transplanter le caféyer. Il fallait l'aller chercher dans son pays natal, c'est-à-dire en Arabie ; car c'était de cette contrée que venait alors tout le Café qui se débitait dans le commerce. Cette entreprise était réservée à une nation connue par son industrie. Les Hollandais furent les premiers qui transportèrent cet arbre de Moka à Batavia, et de Batavia à Amsterdam. Au commencement du dix-huitième siècle, les magistrats de cette dernière ville en envoyèrent un pied à Louis XIV. Ce pied, qui fut soigné au jardin des plantes de Paris, a été le père de tous les caféyers plantés depuis dans toutes les îles françaises de l'Amérique. Ce fut d'abord à la Martinique que parut le premier de ces arbres. Il y fut apporté par M. De Clieux. Pendant la traversée, qui fut longue et pénible l'eau douce étant devenue rare et ayant été mesurée à chaque passager, ce zélé citoyen partagea toujours sa portion avec l'arbuste qui lui avait été confié ; il parvint ainsi à le sauver. Arrivé à la Martinique, il le planta dans le lieu de son jardin le plus favorable à son accroissement, et le fit garder à vue jusqu'à ce qu'il eût fructifié. Il en distribua les graines à divers habitants de l'île, qui en étendirent prodigieusement la culture. Quelques années après, des plants de Café furent transplantés de la Martinique à St.-Domingue, à la Guadeloupe, et aux autres îles adjacentes.

Dans le même temps à peu près, la culture du caféyer fut introduite à Cayenne par un Français, qui en apporta des graines fraîches de la Guyane hollandaise. En 1717, la compagnie des Indes, établie à Paris, envoya aussi des plants de *Café Moka* à l'île de Bourbon. Tous les caféyers cultivés aujourd'hui

Les Hollandais, ayant planté le caféier à Java, firent don de trois pieds au Jardin des Plantes de Paris. Louis XIV les remit au capitaine Desclieux, le chargeant de les porter à la Martinique pour en tenter la culture. Deux pieds périrent pendant la traversée. Le troisième résista grâce aux soins du capitaine qui partagea avec lui sa maigre ration d'eau. Ce pied unique fut l'origine des immenses plantations des Antilles.

dans cette île descendent de ces plants, et donnent le Café connu dans le commerce sous le nom de *Café Bourbon*. Cependant il en existe une espèce ou une variété indigène à ce pays. Du moins, le fait suivant consigné dans les mémoires de l'académie des sciences de Paris, année 1715, semble le prouver. Les habitants de l'île Bourbon, y est-il dit, ayant vu sur un navire français, revenant de *Moka*, des branches de caféyer ordinaire, chargées de feuilles et de fruits, reconnurent aussitôt qu'il avaient dans leurs montagnes des arbres entièrement semblables ; ils allèrent en chercher des branches, dont la comparaison avec celles qui avaient été apportées, se trouva exacte, tant pour la feuille que pour le fruit : seulement le Café de l'île fut trouvé plus long, plus menu et plus vert que celui d'Arabie. C'est sans doute cette différence, jointe à quelques autres très-légères, qui a décidé *Lamarck* à faire de ce *caféyer* une espèce particulière et distincte du *caféyer arabique*.

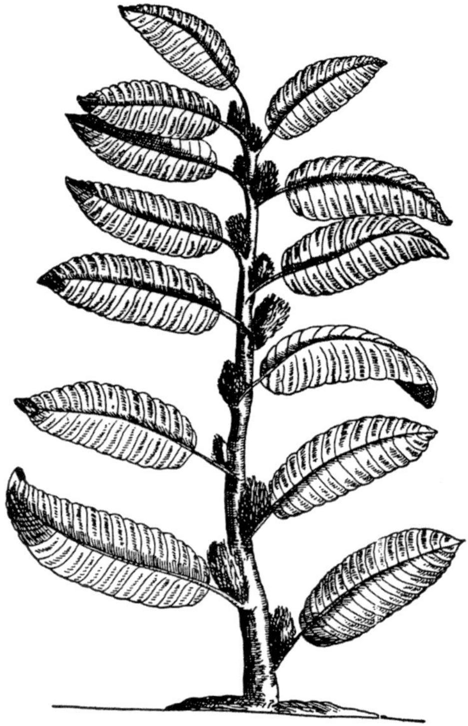

2
1
3
4
5

10
9
8
7
6

PROPRIÉTÉS,

USAGE ET PRÉPARATION DU CAFÉ,

Tirés du même Dictionnaire.

Le Café, regardé comme boisson, a eu ses détracteurs et ses partisans ; on a beaucoup écrit pour et contre. Dans l'Orient, il a été plusieurs fois l'objet de discussions ridicules et de défenses sévères, dont on s'est toujours moqué. En Europe, plusieurs médecins se sont élevés en différents temps contre l'usage de cette liqueur, et ont prétendu qu'elle était contraire à la santé, tandis que d'autres prônaient au contraire avec enthousiasme ses vertus salutaires. Au milieu de ces contradictions l'habitude a prévalu, et le goût du Café est aujourd'hui général dans les quatre parties du monde. Si cette boisson était pernicieuse, serait-elle devenue comme une espèce de besoin pour un si grand nombre d'hommes ? Non sans doute, son excès est seul nuisible comme l'excès du vin.

Le Café contient une grande portion d'acide, un extrait gommeux, résineux et astringent, beaucoup d'huile, du sel fixe et du sel volatil ; le feu détruit son goût de crudité et la partie aqueuse de son mucilage ; il le dépouille de ses propriétés salines, et rend son huile empyreumatique, d'où lui vient son odeur piquante qui réveille et fait plaisir ; car le feu agit sur les huiles végétales de la même manière que sur les viandes qui, étant grillées, acquièrent une odeur agréable très-propre à exciter l'appétit.

Le Café fortifie l'estomac, aide à la digestion et tient éveillé. Il dissipe la langueur et les soucis, fait éprouver à l'homme un sentiment de bien-être, et répand dans tous ses membres une chaleur vivifiante et douce. Il soulage sensiblement dans les migraines et les maux de tête ; la tête est la partie sur laquelle il a plus d'action ; son usage ordinaire est un moyen presque infaillible de prévenir l'apoplexie, la paralysie et la plupart des maladies soporeuses. Il arrête aussi les effets de l'usage immodéré de l'opium. On sait que les Turcs ont souvent recours à l'opium comme à un cordial spécialement destiné à réveiller leur courage à la guerre, ou leur tempérament dans le plaisir ; mais son action est bientôt après suivie de lassitude ou d'un abattement singulier des esprits. Pour recouvrer alors leurs forces, ils prennent du Café. Les Persans disent que cette boisson a été inventée par l'ange Gabriel pour rétablir la santé de Mahomet. Tous les peuples qui la connaissent en font l'éloge et leurs délices. Cette liqueur est très-recherchée des Européens. Elle inspire une aimable gaîté à ceux qui se réunissent pour en boire ; elle fait naître les bons mots, favorise les épanchements de l'amitié, déride les fronts sévères, et peut réconcilier quelquefois deux ennemis. Elle ne convient pourtant pas à tout le monde. Les hommes d'un tempérament sec, ardent, bilieux et sanguin ; ceux qui sont très-sensibles et qui ont le genre nerveux irritable, doivent s'en abstenir. Elle est préjudiciable aux enfants et aux femmes, lorsqu'elles sont disposées aux maladies inflammatoires ou convulsives. Mais les gens qui ont un excès d'embonpoint, les tempéraments pituiteux, les personnes sédentaires et flegmatiques peuvent sans crainte faire un usage modéré du Café.

Les Orientaux prennent du Café toute la journée, et jusqu'à trois ou quatre onces par jour ; ils le font épais et le boivent chaud dans de petites tasses, sans lait ni sucre, mais parfumé de clous de girofle, de la cannelle, des grains de cumin ou de l'essence d'ambre. Les Persans rôtissent l'espèce de coque qui enveloppe la semence, et ils l'emploient avec la semence même, pour préparer l'infusion à leur manière ; la liqueur, selon eux, en est meilleure. Les Turcs font avec la pulpe de la cerise une boisson agréable, très-rafraîchissante ; c'est le Café *à la Sultane*. On donne aussi ce nom à la décoction légère des graines non rôties, qui, prise avec un peu de sucre, est propre à fortifier l'estomac et à rétablir l'appétit.

TU N'AS PAS VU YEGHEN, AUJOURD'HUI ?
OUI, JE L'AI VU CHEZ SET AMINA, CE MATIN, QUAND JE SUIS ALLÉ VOIR NAÏLA. IL DORMAIT SUR LE CANAPÉ DU SALON D'ATTENTE...
...JE N'AI PAS VOULU LE RÉVEILLER, JE CROIS QU'IL A PASSÉ LA NUIT LÀ-BAS !
JE DOIS TE QUITTER, MON CHER EL KORDI, NOUS NOUS REVERRONS CE SOIR.
COMMENT, TU ME LAISSES À MON TRISTE SORT ?
EXCUSE-MOI, MAIS J'Y SUIS OBLIGÉ !!! SALUT SUR TOI !

Enfin, quelques personnes, après avoir fait griller le Café, au lieu de le moudre en cet état, versent de l'eau bouillante sur le grain entier, et composent ainsi une boisson parfumée et saine, moins forte que celle dont on fait communément usage. La fève du Café torréfiée, réduite en poudre et infusée à l'eau bouillante, est la préparation la plus généralement adoptée. Elle exige des soins particuliers et beaucoup de petites précautions, sans lesquelles la liqueur qui en résulte est âcre ou amère, sans parfum, et souvent plus nuisible que salutaire.

Le choix du grain est une chose importante. Il doit être petit, parfaitement sec et difficile à casser sous la dent, d'une couleur légèrement jaunâtre, parfumé, et sans odeur étrangère quelconque. Vieux ou nouveau, peu importe, pourvu qu'il ait été cueilli après son entière matûrité, et qu'il ait perdu toute son eau de végétation. Pourquoi préfère-t-on communément le vieux Café, et pourquoi dit-on qu'il est meilleur ? C'est parce que la plupart de ceux qu'on nous apporte des Indes-Occidentales, ayant été récoltés verts, ont besoin que le temps achève leur dessication. Loin que le Café vieux soit préférable, il est naturel de penser avec Miller qu'au contraire le nouveau l'emporte en qualité ; il doit avoir et il a en effet plus de parfum, plus de goût, et contient une plus grande quantité d'huile : on suppose qu'il soit venu dans un sol plutôt sec que humide, et qu'il ait été récolté et séché à la manière des Arabes. L'expérience en a été faite plusieurs fois à St.-Domingue. Le Café de cette île passe pour être de la quatrième qualité. Ceux de *Moka*, de *Bourbon* et de *la Martinique*, sont plus estimés dans le commerce. Cependant le Café de *St.-Domingue*, fait avec un grain récolté six semaines auparavant, a été trouvé aussi bon, sinon meilleur, que le Café fait avec du *Moka* de deux ou trois ans. Lors de l'épreuve faite, la personne qui en a rendu compte cueillait elle-même la cerise au moment où elle était prête à tomber ; elle était aussitôt dépouillée de sa pulpe, et le grain était séché au soleil très-promptement. Il était torréfié, quand il cessait de diminuer de volume et quand on avait de la peine à le briser sous la dent. D'ailleurs, les mêmes soins et le mêmes proportions étaient employés dans la préparation des deux Cafés.

Après le choix du grain, une condition essentielle pour prendre d'excellent Café, c'est de mettre le moins d'intervalle possible entre la torréfaction et son infusion. Les Arabes préparent ainsi le leur. Mais jusqu'à quel degré, dans quels vaisseaux doit-on le torréfier et le faire infuser ? Voilà ce qu'il importe de savoir et ce qu'il n'est pas aisé pourtant de déterminer. On aurait obligation aux chimistes s'ils indiquaient un appareil peu coûteux, qui, dans les deux opérations, retînt la vapeur du Café dans les vases. Car les parties balsamiques les plus pures sont dissipées par les procédés ordinaires, soit qu'on fasse usage de la poêle ou du tambour, de la cafetière ou de la grecque.

Les vaisseaux de fer sont les plus propres à torréfier le Café et préférables aux vaisseaux de terre vernissés : l'usage de ceux-ci peut devenir pernicieux, parce que l'émail ou le vernis de la terre s'éclate par la chaleur, tombe et se mêle quelquefois au Café. Ce grain, brûlé dans un tambour ou moulin neuf, contracte dans les premiers temps une odeur désagréable, qu'il ne prend plus quand le tambour a servi pendant quelque temps[18]. Cette manière de le rôtir est moins

18 - Pour remédier à cet inconvénient, un moyen simple et sans dépense aucune s'offre en quelque sorte de lui-même. C'est de faire sécher du marc de Café, et, quand il est sec, d'en jeter plusieurs cuillerées dans le tambour neuf et de lui faire faire quelques tours sur le feu. Pour enlever plus sûrement l'odeur de fer, on répète le procédé différentes fois en renouvelant le marc de Café. Le tambour se trouvera ainsi imprégné d'une saveur approchant du Café ; ce qui obvie au désagrément du goût que contracte le Café torréfié dans un tambour neuf.

Note de l'éditeur (Éditions F. Poisson, Caen, 1836)

fatigante que la torréfaction à la poêle, et il est rôti plus également ; cependant il ne peut jamais l'être au point convenable, si l'on mêle ensemble plusieurs sortes de Café, qui, variant en qualité, en siccité, exigent nécessairement différents degrés de chaleur. Depuis le commencement de l'opération jusqu'à la fin, on doit retenir dans le fourneau un feu égal et doux, et tourner sans cesse la manivelle du tambour ; aussitôt que la première odeur du Café brûlé se fait sentir, on retire le tambour du fourneau, et, après en avoir ouvert la porte, on examine si la couleur du Café approche de celle de la cannelle ou du tabac râpé. C'est l'indice sûr du degré juste de torréfaction qu'il faut tâcher d'atteindre, sans pourtant le dépasser ; car, si le Café n'est pas assez rôti, il perd de sa qualité, charge et oppresse l'estomac ; s'il l'est trop, il devient âcre, prend un goût de brûlé désagréable, échauffe et agit comme astringent. Quand il a acquis la couleur prescrite, on le retire bien vite de dessus le feu, et, après avoir tourné le tambour à l'air pendant environ deux minutes, on verse le grain sur un corps froid, tel que la pierre ou le marbre, afin d'arrêter l'évaporation de ses principes ; aussitôt qu'il est parfaitement refroidi, on le met dans un vase quelconque de faïence, de grès ou de fer-blanc, peu importe, pourvu qu'on ait soin de fermer après le vase très-exactement. Quelques personnes ont l'habitude de l'étouffer dans une serviette ou du papier. Cette pratique est mauvaise. Ces corps s'imprègnent de la partie huileuse du Café, et on ne la retrouve plus dans la boisson.

Le Café ne doit jamais être moulu non plus avant son entier refroidissement. Sa substance ayant été rendue pâteuse par l'action du feu, l'est toujours un peu tant qu'elle conserve un reste de chaleur ; et, dans cet état, elle embarrasserait la noix du moulin et ne passerait pas.

Il y a peu de matières végétales que la décoction ou l'infusion dénaturent autant que le Café. On doit donc apporter beaucoup de précision et de soins à composer cette boisson. Quand on est pressé, on peut faire usage de la grecque. On met du Café en poudre dans une chausse un peu claire, et on verse par-dessus une certaine quantité d'eau bouillante. La liqueur tombe toute faite dans un vase préparé au-dessous. Cette méthode est bonne ; mais, pour boire d'excellent Café, il vaut mieux employer la suivante. Elle consiste à jeter la poudre dans une cafetière pleine d'eau qui bout. La proportion est de deux onces et demie de Café pour deux livres d'eau ou une pinte d'eau, mesure de Paris. On remue le mélange avec une cuiller, et on retire aussitôt d'auprès du feu la cafetière qu'on laisse au moins deux heures sur les cendres chaudes, hermétiquement couverte. Pendant le temps de l'infusion, on agite de nouveau la liqueur à diverses reprises avec un moussoir ou bâton à chocolat, et on la laisse à la fin reposer pendant un quart d'heure. Elle est alors tirée à clair. Le Café préparé ainsi est parfait. Dans les grandes maisons et chez les limonadiers, on le clarifie avec la colle de poisson ; c'est le moyen, sans doute, de le rendre très-agréable à la vue ; mais on lui ôte par cette addition une grande partie de son parfum. Quand cette boisson est bien faite, elle est limpide, claire, nullement chargée ni rendue trouble par les plus petites particules de la substance du Café, et elle offre, dans la tasse, une couleur à peu près noire avec une bordure de couleur marron.

La meilleure manière de conserver le Café est de le tenir suspendu dans un sac à couvert, et exposé dans un endroit où il règne un grand courant d'air.

L'odeur du café hait le moindre bruit, fût-ce un simple bonjour, et se gâte.
Mahmoud Darwich, *Une mémoire pour l'oubli*, 1987.

NOTICE

SUR LA PRÉPARATION DU CAFÉ,

Par M. CADET DE VAUX.

La boisson du Café, devenue si usuelle aujourd'hui, boisson si généralement de médiocre qualité, a été l'objet d'un traité que j'ai publié. Ce traité offre la série d'expériences faites pour fixer ultérieurement le seul procédé voulu par les sciences consacrées à tous les objets d'économie domestique alimentaire.

En adoptant l'usage de cette boisson, on adopta le procédé usité chez les Turcs, ce qui était un mauvais certificat d'origine ; sa préparation se bornant à une ébullition plus ou moins prolongée, dans une eau provenant de la réébullition du marc de la veille, procédé que n'ont point encore abandonné les vieilles ménagères de nos faubourgs, ainsi que nos limonadiers de la capitale.

Cependant, en toute chose, il n'y a qu'une seule manière de la bien faire ; c'est en se conformant aux principes qui étaient tous violés dans cette préparation du Café. Peu après apparut la cafetière de Dubelloy.

Un mot sur cette cafetière. Elle était de fer-blanc, et il ne pouvait pas y avoir de crible plus infidèle, en raison de l'action que l'acide du Café exerce sur le fer mis à nu dans les trous de ce crible dénués d'étain ; en sorte que les dernières gouttes écoulées, recueillies dans une écuelle, ont à la digestion la saveur d'encre, ce qui altère la saveur du Café.

Il m'a donc fallu, avant tout, substituer à cet appareil métallique celui de porcelaine, aujourd'hui généralement admis, ainsi qu'y a été substitué de son côté un même appareil en terre de Sarguemine.

Voici donc un infusoire exempt de tout inconvénient, et combien dès-lors va se simplifier la préparation du Café ! Elle se réduit à mesurer les quatre tasses, à le presser légèrement avec le fouloir également percé de trous, pour y verser lentement cinq tasses d'eau, dont la cinquième restera absorbée par le marc.

Si on reçoit séparément les quatre tasses à mesure de leur écoulement, la première est de la quintessence de Café, la seconde de l'essence, la troisième un Café bien léger ; pour la quatrième, Café plus léger encore. Mais les quatre tasses mêlées donnent un bon Café ; le voilà totalement épuisé de ses principes savoureux ; nul parti que la ménagère puisse tirer du marc ; il n'y a plus rien à en obtenir pour son Café au lait du lendemain.

Combien cet appareil et ce procédé ne sont-ils pas plus simples que celui indiqué dans le cahier du 1er janvier 1824 du bulletin des sciences technologiques !

C'est donc ainsi qu'au lieu de se tenir au courant des objets de sciences, sanctionnés par l'expérience, on s'abandonne à l'improvisation irréfléchie de nouveaux procédés, dont le résultat est infidèle.

(Bulletin universel des sciences.)

Le café est un breuvage qui fait dormir quand on n'en prend pas.
Alphonse Allais

Crédits photos

P. 4 : Carte géographique, « Le Voyage du Café Arabica » © SCA brulea.com
P. 7 : C. van Loo, *Einer Sultanin wird eine Tasse Kaffee von einer Sklavin überreicht*, 1747, Musée des Arts Décoratifs, Paris © Alamy
P. 10 : La préparation du café dans la tribu des Sba'a, Syrie © H. Desmet-Grégoire, *Les Objets du Café*, Paris, Presses du CNRS, 1989, p. 100
P. 12 : Plaque de voyante, 1950 © Mucem
P. 15 : K. Yaknour (1925-2000), *Sans titre* © Osama Yaknour
PP. 16-17 : A. Preziosi, *Souvenirs d'Orient* (extrait), 1857 © BnF
PP. 18-19 : C. J. Geiger, Maisons de café ouvertes à Vienne par des Turcs et des Arméniens aux XVIII-XIXe s, 1839 © Alamy
P. 22 : Le fameux café Fishawy au Caire © Dominique Baudis
P. 23 : Le grand café du Nil à Alexandrie © Katia Boyadjian
PP. 26-27 : E. Bernard, *Sans titre*, 1895, Musée des Arts d'Afrique et d'Océanie, Paris © DR
P. 29 : Café arabe, Port Saïd, Égypte © DR
PP. 30-31 : F. Nash, *Boulevard du Temple. Le Café Turc*, 1780 © DR
P. 33 : Izzet Keribar, *Seize joueurs de dominos dans un café de Sanliurfa* (détail), 1996 © Mucem
P. 34 : Ammar Farhat, *Le café*, 1967 © collection particulière
P. 37 : Jellal Ben Abdallah, *Le café maure*, 1938 © collection particulière
P. 38 : Henri Matisse, *Café marocain*,1912-13 © Alamy
P. 41 : Portrait d'Antoine Galland (1646-1715), XIXe s. © Alamy
P. 42 : E. Vernet-Lecomte, *Portrait du baron Lycklama Nijeholt en costume oriental*, 1869 © H. Desmet-Grégoire, *op. cit.*, p. 51
P. 45 : Tasse de café arabe © DR
PP. 46-47 : Anonyme, Cérémonie du café, peinture éthiopienne © DR
P. 49 : Vendeur ambulant de café et de tabac à Constantinople au XIXe s. © H. Desmet-Grégoire, *op. cit.*, p. 11
P. 50 : Fruits du café © Wikimédia

P. 56 : H. Ferran, Le Café - histoire industrielle, N°3846, après 1921 © Musée de l'Image, Épinal
P. 60 : Mosquée et café d'un carrefour de Boûlâk © DR
P. 62 : DRACK-OUB, *Le Café Maure*, 1915 ? © Palais-Musée des Archevêques, Narbonne
P. 63 : N. Marzocchi de Belluci (1846-1930), *Indoor scene from Algiers* © Auctionet
P. 67 : Café Le Caire Club Mohamed el-Moayyad © Lehnert & Landrock (blog Lignes d'horizon)
P. 73 : L. A. Albert Paul, *Fumeurs de kiff*, 1887, Musée de Sète Paul Valéry © Wikimédia
P. 76 : A. Preziosi, Café turc, *op. cit.*, 1858 © DR
P. 80 : F. A. Bridgman, *Cafe at Biskra*, Algeria, 1884, Smithsonian American Art Museum, Washington, DC.
P. 83 : M. Kheir, *Nature morte au café*, XXe s © DR
P. 91 : P. Pruvost, *Le café de la Bienvenue à Bab-el-Oued*, 1952 © Jean Lepage, Palais-Musée des Archevêques de Narbonne
P. 92 : Pages du Grand Vizir, XVIIIe s. © H. Desmet-Grégoire, *op. cit.*, p. 82
P. 95 : M. Masri, *Sip of the day* (détail), 2024 © Mahassen Masri
P. 96 : T. al Ahwé, *Le cirque de l'exil* (détail), 2024 © Tfaddalo al Ahwé
P. 100 : H. Ferran, *op. cit.* © Musée de l'Image, Épinal
P. 102 : Jean Lepautre, 1669, Soliman Agha et Louis XIV – Arrivée du café en Europe © BnF Gallica
P. 106 : H. Ferran, *op. cit.*, Louis XIV et le capitaine Desclieux © Musée de l'Image, Épinal
P. 107 : Caféier © H. Desmet-Grégoire, *op. cit.*, p. 15
PP. 108-109 : J.-F. Badoureau, Le Café Procope au XVIIIe s © Les musées de Paris - musée Carnavalet
P. 110 : F. E. Köhler, *Plantes médicinales de Köhler*, fin XIXe s. © Wikipédia
P. 113 : Golo et Cossery, *Mendiants et orgueilleux*, Futuropolis, 2009, p.15 © Futuropolis DR
P. 114 : H. Zizi, *La princesse Amazigh*, 2023 © Hafida Zizi
P. 119 : Ma cafetière d'Abdelkader © Badis Busaid
P. 120 : Tasses à café © Angélique Paitrault, Palais-musée des Archevêques de Narbonne
P. 123 : Cafetière et tasse arabes © Wikimédia
PP. 124-125 : *Café Les fils du Détroit*, 2019 suivi de *Okelle à Alexandrie*, 2018 © Julien Solé

Merci à toutes celles et ceux qui nous ont aidés à réaliser ce livre :

La bibliothèque de L'IMA, la BnF, le Palais-Musée des Archevêques de Narbonne, les musées de Paris, le musée Carnavalet, le Mucem, le Musée de l'Image d'Épinal.

Cécile Déan du CNRS, Lynda Goldmann, Alya Hamza, Mohamed Salmawy, Laurent Zys, Garance Souchon-Pietra.

Aux artistes qui nous ont offert leurs œuvres : Dominique Baudis, Golo, Sara Abou Mrad, Katia Boyadjian, Hafida Zizi, Amin Bouker, Ossama Yaknour, Tfaddalo al Ahwé, Mahassen Masri.

Achevé d'imprimer par Pulsio en août 2024.
Dépôt légal août 2024.
Imprimé en Communauté Européenne.
Maquette : Gautier Bischoff

www.orientseditions.fr

ISBN 9791093315386